Heiko Schnickmann

Im Wupperthal vor Wuppertal

Essays zur Stadtgeschichte
vom Mittelalter bis ins frühe 19. Jahrhundert

Verlag Edition Köndgen

Verlag Edition Köndgen

Im Verlag Edition Köndgen erscheinen Bücher und Geschenkartikel über Wuppertal, Schwelm und das Bergische Land. Die vielfältigen Facetten dieser Region werden darin lebendig präsentiert.
www.edition-koendgen.de

Die Deutsche Bibliothek verzeichnet diese Publikation in der Deutschen Nationalbibliographie (*www.dnb.de*).

1. Auflage 2019

Deutsche Originalausgabe

Druck: BoD GmbH, Norderstedt
Printed in Germany
ISBN 978-3-948217-12-9
www.edition-koendgen.de

Inhalt

Vorwort

Es gibt in Wuppertal Stadtführer, die ihre Touren durch die Quartiere und Stadtteile mit der Aussage beginnen, die Geschichte der Stadt beginne mit dem 19. Jahrhundert und der Industrialisierung. Diese Aussage mag durchaus ihre Berechtigung haben, denn tatsächlich geht mit der Industrialisierung ja auch eine Urbanisierung einher, bei der zahlreiche Menschen vom Land in die Stadt zogen und so nicht nur neue Arbeitskräfte, sondern auch soziale Probleme wie Armut, Hunger und Straftaten mit sich brachten. Insofern kann, wer mit offenen Augen durch Wuppertal geht und die mächtigen Fabrikanlagen aus Backstein, die verspielten Jugendstilmietshäuser, die prächtigen Gründerzeitvillen, die neugotischen Kirchen und nicht zuletzt die einzigartige Schwebebahn sieht, wirklich glauben, dass das Wupperthal eine Gründung des 19. Jahrhunderts sei.

Wer aber genau hinschaut und sich auch etwas außerhalb der durch die Wupper verbundenen großen Stadtteile aufhält, der entdeckt auch anderes. Kleine, verwinkelte Fachwerkbauten etwa oder eine mittelalterliche Dorfkirche neben frühneuzeitlichen Gemäuern, wie dies in Schöller der Fall ist.

Die alte Dorfkirche (12. Jh.) der Kirchengemeinde Gruiten-Schöller - der ältesten Gemeinde des Bergischen Landes (Sammlung Fabienne André)

Straßennamen und Bezeichnungen von Ortschaften lassen auf eine längst vergessene Vergangenheit jenseits von rauchenden Schloten und dampfenden Stahlrössern auf Schienen schließen.

Die aktuellste Stadtgeschichte der Stadt Wuppertal aus der Feder von Volker Wittmütz stammt aus dem Jahr 2013. Wittmütz, im Ruhestand befindlicher Professor für Regionalgeschichte an der Bergischen Universität und ehemaliger Vorsitzende der Abteilung Wuppertal des Bergischen Geschichtsvereins, fasst in der kleinen Geschichte der Stadt die ersten 1000 Jahre vom Mittelalter bis ins 18. Jahrhundert auf 53 Seiten zusammen und bietet den folgenden 200 Jahre dafür Raum auf 92 Seiten (ohne Anhang). Das hat natürlich mit der Quellenlage zu tun, die für Mittelalter und Frühe Neuzeit ungleich schwieriger ist als für das 19. und 20. Jahrhundert, so dass man für diese beiden Jahrhunderte auch mehr findet.

Es hat aber auch damit zu tun, dass es Historiker gibt, die davon ausgehen, dass vor allem diese letzten 200 Jahre der Zeitraum ist, den die Menschen am interessantesten finden, wie mir ein weiterer emeritierter Professor einmal mitteilte.

Ich möchte in diesem Punkt widersprechen. Die Begeisterung für Mittelaltermärkte, die mittlerweile zu Massenevents werden, von denen Händler und spezialisierte Schausteller recht gut leben können, der Erfolg einer Filmreihe wie *Herr der Ringe* oder der Fernsehserie *Game of Thrones* zeigt doch durchaus, dass auch die Zeiträume, die vor dem Jahr 1800 liegen, interessant sind – auch wenn in den genannten Beispielen Fantasy-Elemente und gut geschriebene Drehbücher nicht außen vor gelassen werden dürfen.

Dennoch: Diese Begeisterung für die Zeit davor existiert, erst recht im Wupperthal. Während ich diese Zeilen schreibe, liegt neben mir ein Exemplar der Westdeutschen Zeitung. In ihr findet sich ein Nachbericht zu einer Veranstaltung der Bergischen Universität Wuppertal, die in der Elberfelder Citykirche stattgefunden hat. Es handelte sich um einen Vortrag des derzeitigen Professors für mittelalterliche Geschichte an der Bergischen Uni. Jochen Johrendt, der gleichzeitig auch Vorsitzender der Abteilung Wuppertal des Bergischen Geschichtsvereins (BGV) ist, sprach über die Grafen von Berg und ihre Ursprünge. Der Andrang zu dieser abendlichen Veranstaltung war so groß, dass Stühle herbeigeholt werden mussten.

Ich selber spreche zu Themen der Wuppertaler Geschichte vor dem Jahr 1800 vor nicht kleinem Publikum der Volkshochschule. Das Interesse an diesen Themen ist also da. Das mag auch daran liegen, dass der Begriff Heimat neuerdings wieder Konjunktur hat, dass die Region, in der man lebt, wieder mehr Interesse weckt als noch vor ein paar Jahren.

Pünktlich zum 90jährigen Stadtgeburtstag war es mir daher ein Anliegen, diese ältere Geschichte einmal in Buchform aufzuarbeiten. Dabei ist keine wissenschaftliche Abhandlung entstanden. Die folgenden Texte bieten kaum neue Erkenntnisse, auch wenn hier und da sicherlich ein neuer Gedanke erarbeitet wurde, über den der geneigte Leser überrascht sein oder sich auch abarbeiten kann.

Die Beiträge sind in erster Linie aus anderen Büchern und Artikeln kompiliert. Diese sind am Ende jeden Kapitels angegeben. In erster Linie handelt es sich dabei um Bücher, in denen die Geschichte der Stadtteile dargestellt wird. Als Autor eines Buches zur Geschichte Wichlinghausens fiel mir auf, wie viel mehr Informationen in den Geschichten der einzelnen Stadtteile steckt als in den Werken zur Stadtgeschichte Wuppertals.

Neben der zeitlichen Fokussierung auf das 19. und 20. Jahrhundert ist bei diesen Werken der Fokus oft auf Barmen und Elberfeld gelegt, während die übrigen Stadtteile gar nicht oder nur dann Erwähnung finden, wenn in ihnen etwas Besonders passiert ist. Daher habe ich im vorliegenden Buch vor allem Stadtteilgeschichten gelesen und den großen Bogen recht klein gehalten.

Natürlich ist auch dieses Buch von mir mit einem gewissen Fokus entstanden. Alle Beiträge dieses Bandes sind aus Vorträgen, die ich in den letzten Jahren gehalten habe, hervorgegangen. Da ich in Wichlinghausen lebe, liegt mein Interessenschwerpunkt vor allem auf der Geschichte des Barmer Nordostens, der in diesem Band überproportional vertreten ist. Ich denke aber, da Elberfeld und Mittelbarmen in anderen Bänden oftmals überwiegen, kann auch der Blick auf Oberbarmen, Wichlinghausen und Nächstebreck hilfreich sein, Stadtgeschichte zu verstehen, zumal diese Ortschaften niemals alleine stehen, sondern miteinander vernetzt sind. Wir haben es immer mit Menschen zu tun, die sich in Bewegung setzen, um ihr Leben zu bestreiten. So mag auch ein Oberbarmer Garnschmuggler mit einem Schwager in Elberfeld für einen Menschen aus Vohwinkel genauso interessant sein, wie ein verfallender Rittersitz Hammerstein einem Ronsdorfer klar macht, wie furchtbar die Zeiten des 30jährigen Krieges im Wupperthal waren. Ein katholischer Dönberger wird sich vielleicht auch über eine Geschichte freuen, in der von der Reformation in Langerfeld erzählt wird, und der Cronenberger nimmt aus dem Besuchs Goethes in Elberfeld einen Eindruck mit, wie sehr Glaube und Geld die Kultur im Wupperthal im 18. Jahrhundert prägten.

Ich habe die einzelnen Essays in chronologischer Reihenfolge gelistet, sie sind aber auch ohne Probleme verständlich, wenn man einzelne Essays überspringt oder in anderer Reihenfolge liest. Die Essays reichen dabei vom Zeitraum des Spätmittelalters, über die Reformationszeit und den 30jährigen Krieg bis in das frühe 19. Jahrhundert hinein. Ich höre also auf, bevor die Stadt nach den Worten des eingangs erwähnten Stadtführers gegründet wurde. Und doch, so hoffe ich, wird so ein Eindruck entstehen, wie die Menschen im Wupperthal tickten, wie sie lebten und was diese alten Geschichten bis heute mit den Menschen unserer Heimatstadt zu tun haben.

Der erste Essay zur geteilten Stadt Wuppertal im Spätmittelalter ist zugleich der neueste Vortrag. Er wurde von mir im Januar 2019 an der Volkshochschule gehalten. Ich habe ihn für das Essay erweitert und um einzelne Informationen ergänzt, die ich durch mangelnde Zeit in den Vortrag nicht einbeziehen konnte.

Der zweite Vortrag wurde von mir anlässlich des Reformationsjubiläums im Jahr 2017 gehalten. Ich sprach im Stadtteilzentrum Wiki, der Wichlinghauser Kirche an der Westkotter Straße in Wichlinghausen. Er beruht auf einem sehr kurzen Text, den ich anlässlich des Reformationsjubiläums im Gemeindegruß der Kirchengemeinde Wichlinghausen-Nächstebreck veröffentlicht habe. Nach der Veröffentlichung wurde ich von der Gemeinde Langerfeld angefragt, ob ich den Text auch dort noch einmal veröffentlichen wolle, was ich gerne tat und ihn um spezifische Langerfelder Aspekte erweiterte. Die Ergebnisse meiner Recherchen sind in den abgedruckten Text dieses Bandes eingeflossen.

Der dritte Text dieses Buches wurde 2018 in der Färberei in Oberbarmen gehalten. Dort erzählte ich bei Kaffee und Kuchen von der Wirtschaftsgeschichte Oberbarmens, die viel mit der Garnnahrung und dem Bleicherhandwerk zu tun hat. Im Nachhinein wurde mir gesagt, für einen Vortrag seien zu viele Zahlen darin gewesen. Ich hoffe, diese können durch den Abdruck hier besser verstanden werden.

Anlässlich des 400jährigen Erinnerns an den Beginn des 30jährigen Krieges im Jahr 2018 hielt ich einen Vortrag in der Bergischen Volkshochschule zu diesem Krieg und seinen Auswirkungen auf das Wupperthal. Als ich diesen Vortrag auf meinem Rechner suchte, fand ich einzig den aus ihm entstandenen Gastbeitrag in der Westdeutschen Zeitung, für den ich in einem Leserbrief überschwänglich gelobt wurde. Für einen Essay selber reichte der Artikel nicht aus, aber ich erinnerte mich den Vortrag ausschließlich mit Hilfe von Notizen gehalten zu haben. So musste ich das abgedruckte Essay aus diesen rekonstruieren und erweiterte ihn dabei gleich um weitere Ereignisse aus bis dahin von mir vernachlässigten Stadtteilen.

Der letzte Essay dieses Bandes ist zugleich der älteste. Die Vorüberlegungen dazu gehen auf das Jahr 2015 zurück. Ich durfte ein Buch über die Geschichte Wichlinghausens mit Mitteln der Sozialen Stadt Oberbarmen/Wichlinghausen schreiben. Die damit einhergehende Abwicklung wurde vom Bergischen Geschichtsverein übernommen. Beim Schreiben viel mir auf, wie sehr das wohlhabende Bürgertum des 18. Jahrhunderts mit der Gründung der Kirchengemeinde Wichlinghausen verbunden war. Ich verfolgte diese Spur auch für andere Gegenden Wupperthals und konnte so recht fix die Verbindung zwischen Glauben und Geld, bedingt weniger durch den Calvinismus, als durch den Pietismus, ausmachen.

Es folgten mehrere Vorträge zum Thema, einer für die Kirchengemeinde Wichlinghausen-Nächstebreck, einer bei *Verein(t) in Wuppertal* im Büngerhaus an der Wichlinghauser Straße, einer Zweigstelle der Färberei, in der der BGV Wuppertal für kurze Zeit sein Büro hatte, bevor er zusammen mit dem Gesamtverein in das Elberfelder Kolkmannhaus umzog, aber auch für die Volkshochschule. Im Jahr 2017 konnte ich im Rahmen des Georg-Forster-Kolloquiums an der Uni Kassel den Vortrag zudem vor einem Nicht-Wuppertaler Publikum halten. Ausgangspunkt war hier, ein Satz Forsters in seinen *Ansichten vom Niederrhein*, in dem er das Bergische Land zu einem Hort des Neoliberalismus erklärte. Dieser Vortrag ist 2018 in den Georg-Forster-Studien erschienen. Er bildet die Grundlage für das hier abgedruckte Essay.

Der vorliegende Band wäre nicht erschienen, wenn nicht zahlreiche Menschen mir wohlwollend gegenübergestanden hätten. Zu diesen Menschen zählt Thomas Helbig von der Edition Köndgen, der diesem Buch zutraut, dass es sich verkauft, dazu zählen aber auch all diejenigen, die mir die Möglichkeit geboten haben, die Vorträge zu halten, auf denen das Buch basiert. Zu nennen sind hier Dr. Detlef Vonde von der Bergischen Volkshochschule, der meine Vorträge regelmäßig in das Programm der VHS aufnimmt, die Kirchengemeinde Wichlinghausen-Nächstebreck, in der ich seit nunmehr über 10 Jahren im Bereich der Erwachsenenbildung

Vorträge halten darf, Iris Colsman, die Geschäftsführerin der *Färberei*, Eric Stöcker, der Leiter des Stadtteilzentrums Wiki, Prof. Dr. Stefan Greif von der Universität Kassel, Dr. Sigrid Lekebusch, die mich als Vorsitzende des BGV Wuppertal in dessen Beirat holte, der leider viel zu früh verstorbene Hans-Joachim de Bruyn-Ouboter, meine Mutter Dorothee Schnickmann, die all zu oft unfreiwilliges erstes Publikum wurde und nicht zuletzt dem mir folgenden Publikum, das mich mit seinem Interesse darin bestärkt hat, hier ein Thema zu bearbeiten, bei dem es sich lohnt weiter zu machen.

Gewidmet ist dieses Buch meiner wunderbaren Frau Doucia Schnickmann-Puabo, die dieses Buch wohl nie lesen wird und es trotzdem durch ihre Liebe unterstützt hat. Nalingi yo, mon cœur.

Die geteilte Stadt – Das Wupperthal im Spätmittelalter

I. Spätmittelalter und Verwaltungsreformen

Die 1000 Jahre, die das Mittelalter dauerte, werden gerne als eine finstere Zeit beschrieben, in der ein gesellschaftlicher Fortschritt nicht stattgefunden habe. Diese Behauptung ist schlichter Unsinn, hält sich aber hartnäckig in vielen Köpfen. Eine dieser gesellschaftlichen Entwicklung, die sich im Mittelalter vollzogen, befasst sich mit dem Werden von Staaten und der Sicherung von Einflusszonen sowie politischer Macht. Gerade auch im Bergischen Land und besonders an der Entwicklung des Gebietes der heutigen Stadt Wuppertal zeigt sich dies ganz besonders.

1. Zeitlicher Rahmen

Die Geschichtsschreibung teilt die Geschichte in Epochen ein. Diese Epochengrenzen sind immer wieder abhängig von der aktuellen Fachdiskussion und auch von der Region, über die man forscht. Besonders deutlich wird das etwa dann, wenn man den europäischen Kontinent verlässt. Die klassische Einteilung der Geschichtsschreibung in Epochen, also in Antike, Mittelalter und Neuzeit, ist auf anderen Kontinenten nicht möglich. Aber auch innerhalb Europas sind diese Epochengrenzen äußerst flexibel. Während man etwa die Antike in die Mittelmeerregion verlegt, ist derselbe Zeitraum im Bereich Mittel-, Ost- oder Nordeuropas eher der Ur- und Frühgeschichte zuzuschreiben.

Ähnliches gilt auch für das Spätmittelalter, das an der Schwelle steht, zwischen dem, was wir gemeinhin als Mittelalter und dem was man als Renaissance bezeichnen kann. Während in Italien und auch Spanien die Kunst durch die humanistische Bewegung zu neuer Hochform kommt, und man das mittelalterliche Kunstverständnis hinter sich lässt, ist das in Mitteleuropa noch lange nicht der Fall. Dennoch wird das Mittelalter in Europa als ein Zeitraum dargestellt, der zwischen 500 und 1500 liegt, denn das sind im Normalfall die Grenzen, die Historiker für die Epoche des Mittelalters annehmen, wissend, dass gerade die Daten am Anfang und am Ende fließend sein können.

Innerhalb der Mittelalterforschung wird die behandelte Epoche noch einmal in drei kleinere Abschnitte eingeteilt. Es beginnt mit dem Frühmittelalter, mit dem man im Normalfall solche Figuren wie Karl den Großen oder die Ottonen in Verbindung bringt, geht weiter über das Hochmittelalter, mit dem sich solche Namen wie Friedrich Barbarossa oder auch Friedrich II. verbinden und schließt mit dem Spätmittelalter, indem man gemeinhin einen Niedergang der mittelalterlichen Ordnung erkennt, weil die eindeutigen Zuordnungen von Dynastien und Zeiten nicht mehr so gegeben sind wie im Früh- oder Hochmittelalter. Dieser Zerfall der ständischen, politischen und wirtschaftlichen Ordnung geht einher mit Veränderungen, die Auswirkungen auf alle Bereiche des gesellschaftlichen Lebens haben. Unter anderem ist dieser Verfall, der hier zu fassen ist, auch der Tatsache geschuldet, dass die Mittelalterhistoriker nun ganz andere und vor allen Dingen mehr Quellen zur Verfügung haben, als Sie dies im Früh- und Hochmittelalter hatten. Aber mehr Quellen zu haben, macht Sachen immer komplex.

Das Spätmittelalter ist normalerweise der Zeitraum der letzten 250 Jahre, bevor das Mittelalter endet. Das bedeutet, die Rede ist von der Epoche des späten 13. Jahrhundert bis hinein in das 15., vielleicht frühe 16. Jahrhundert. Das ist auch der Zeitraum, in dem Historiker tatsächlich die ersten schriftlichen Nachweise der meisten Wuppertaler Hofschaften und Orte in den Quellen finden können, sodass es sich anbietet, die Geschichte des Wupperthals im Spätmittelalter anschauen zu wollen.

2. Territorialsicherung

Mit dem Jahr 1225 war der letzte wirkliche Graf von Berg verstorben. Somit fängt auch im Bergischen Land eine Zeit an, in der Dynastie und Herrschaft nicht mehr zusammen gehören. Durch eine Erbverbindung wurde der Herzog von Limburg gleichzeitig auch Graf von Berg. Die Forschung zum Mittelalter im Bergischen Land geht davon aus, dass das Spätmittelalter auch für unsere Region vor allem mit der Tatsache des Territorialerwerbs und der territorialen Sicherung verbunden ist. Darunter versteht man einmal die militärische Expansion um sein Territorium zu vergrößern, es bedeutet aber auch, dass man Fremdherrschaft, die sich innerhalb des eigenen Territoriums abzeichnet, abzuschaffen oder in die eigene Herrschaft miteinzubeziehen versucht.

Wenn man auf die Region der Grafschaft Berg schaut, stellt man sehr schnell fest, dass das Territorium im 13. Jahrhundert zwar als solches recht groß war, denn es reichte von Beyenburg bis zum heutigen Köln-Mülheim, aber gleichzeitig zahlreiche Höfe und Ortschaften anderen Herrschern gehörten. Gleichzeitig gibt es eine ständige Rivalität mit den Grafen von Mark, die ähnlich wie die Bergischen Herrscher über ein großes Territorium verfügen, das aber mit vielen kleinen fremden Herrschaften durchsetzt ist. Zum Teil sind diese Herrschaften märkischer Natur, wenn sie im Bergischen liegen, oder sie sind bergischer Natur, wenn sie im Märkischen liegen. Für das Bergische Land kommt zudem eine wachsende Rivalität mit dem Erzbistum Köln hinzu, das seit den Zeiten Karls des Großen der eigentliche Territorialherr der rheinischen und auch zum Teil westfälischen Länder war.

Zur Durchsetzung dieser territorialen Interessen gab es vor allem zwei Möglichkeiten. Zum einen war die militärische Expansion immer eine Option, die aber mit erheblichen, nicht absehbaren Kosten verbunden war. Die zweite Möglichkeit war zwar auch mit hohen Kosten verbunden, hatte allerdings bei klugen Verhandlungen durchaus die Möglichkeit, es mit einer übersichtlicheren Kostenentwicklung zu tun zu haben. Hier ging es darum, dass man anderen Herrschern Gebiete abkaufte, die diese als schlecht regierbar empfanden, weil sie z.B. weit weg von ihrem eigentlichen Regierungsbezirk lagen, sodass sie diese gerne loswerden oder veräußern wollten. Es ist daher nicht verwunderlich, dass einer der ersten Wuppertaler Orte, die im Spätmittelalter in den Besitz der Grafen von Berg übergehen, die Ortschaft Barmen ist, die 1247 den Grafen von Ravensberg bei Bielefeld von den Grafen von Berg abgekauft wurde.

Im Bereich der militärischen Expansion ist vor allem die Schlacht von Worringen von 1288 zu nennen, bei der die bergischen Grafen zusammen mit dem Herzog von Brabant und den Grafen von der Mark gegen den Erzbischof von Köln in den Krieg zogen und die Schlacht glorreich gewannen. So waren sie in der Lage, sich den Ambitionen des Kölner Erzbischofs, der sich selbst wieder zum Oberhaupt der Region machen wollte und dabei die bereits erstrittenen Rechte der weltlichen Herrscher missachtete, entgegenzustellen und sich selbst von dieser Herrschaft zu befreien.

3. Grenzziehung und Verwaltungsbezirke

Nachdem dieser äußere Feind mit vereinten Kräften besiegt worden war, stellte sich die Frage, wie die Territorien als solche bestimmt werden konnten. Die Grafen von Berg machten mit ihren beiden Nachbarn, im Nordosten den Grafen von Mark, im Süden den Grafen von Sayn, Verträge, in denen über die Grenzziehungen der Regionen verhandelt wurde. Dazu gehörte unter anderem auch die Verteidigung der Länder gegen weitere Invasoren. Allerdings wurde dabei nicht ins Detail gegangen, denn obwohl die Territorien recht groß waren, waren sie eher dünn besiedelt, so dass es ganze Regionen gab, die als gemeinsames Grenzland galten. Erst in den Jahrhunderten danach wurde diese grobe Grenzziehung zu einem Problem.

Neben diesen nicht wirklich definierten Außengrenzen, wurden auch innerhalb der Herrschaften neue Grenzen gezogen. Die Einteilung in unterschiedliche Verwaltungsbezirke sorgte dafür, dass die Regierung wesentlich vereinfacht wurde. Den einzelnen Herrschern war es aufgrund der Fülle an Ortschaften und Rechten, die mit diesen Ortschaften einhergingen, schier unmöglich, zentral einen Überblick über all ihre Besitzungen zu behalten, so dass eine Dezentralisierung innerhalb der Grafschaft Berg zutage trat, die als Ämterverfassung bezeichnet wird. Es handelt sich dabei um ein Erfolgsmodell, das sich in zahlreichen Territorien Europas im Spätmittelalter zeigte. So hat auch die Grafschaft Mark eine solche Ämterverfassung etabliert.

Auch dieser Aspekt ist für die geteilte Stadt des Wupperthals im Spätmittelalter entscheidend. Während bereits zu Beginn des 14. Jahrhunderts die Ämter in der Grafschaft Mark zu fassen sind, finden sich erst in der Mitte des 14. Jahrhunderts die Erwähnungen der acht bergischen Stammämter, die 1363 das erste Mal in den Quellen auftauchen. Diese acht Ämter sind Angermund, Monheim, Mettmann, Solingen, Miselohe, Bornefeld, Bensberg und Steinbach. Für die Geschichte der Stadt Wuppertal ist dabei von diesen acht Ämtern einzig das Amt Solingen von entscheidender Bedeutung.

Im Lauf des Spätmittelalters kommen zu diesen acht Urämtern weitere Ämter hinzu. Unter anderem folgt bereits 1390 das Amt Beyenburg. Das spätere Amt Elberfeld, kann erst um das Jahr 1430 als bergisches Amt betrachtet werden, da es bis zu diesem Zeitpunkt nicht unter bergischer Herrschaft stand, sondern ein Außenposten des Erzbistums Köln war. Nicht zu vergessen ist außerdem die sogenannte Unterherrschaft Hardenberg, die begrifflich immer zwischen Unterherrschaft und Amt divergiert, bis sie schließlich tatsächlich als Unterherrschaft erkennbar bleibt. Dieses Territorium, war bereits 1354 in die Hoheit der Grafen von Berg übergegangen.

II. Die fünf Ämter und Herrschaften des Wupperthals

Diese fünf Ämter und Herrschaften sind es nun, die die heutige Stadt Wuppertal im Spätmittelalter unterteilen. Der Westen der Stadt gehörte zum Amt Solingen. Darunter fallen Stadtteile und Quartiere wie Schöller, Sonnborn und Vohwinkel. Letzteres spielt im Spätmittelalter aber nur eine untergeordnete Rolle. Geht man weiter nach Osten, folgt das Amt Elberfeld, zu dem im Spätmittelalter auch die Ortschaft Cronenberg gerechnet wird. Nördlich des Amtes Elberfeld liegt die Unterherrschaft Hardenberg, zu der man den Dönberg zählt. Weiter im Osten folgt dann das Amt Beyenburg, dem nicht nur der Ortsteil Beyenburg zuzuordnen ist, sondern auch die Herrschaft über die Höfe in Barmen und die Ortschaften in Ronsdorf. Ganz im Osten von Wuppertal erstreckt sich das märkische Amt Wetter über die Stadtteile Langerfeld, Nächstebreck und Teile von Wichlinghausen und Heckinghausen.

1. Der Westen: Das Amt Solingen

Die Anfänge des Amtes Solingen sind für den Historiker nicht leicht zu fassen. Interessanterweise gibt es keinen direkten Hinweis darauf, dass die Grafen von Berg vor 1363 bereits dort Land besaßen, das ihnen das Recht gegeben hätte, dort ein Amt zu errichten. Einzig ein im Jahre 1302 erwähntes Landgericht, ist ein Hinweis darauf, dass dort der Einzugsbereich der bergischen Grafen vorhanden gewesen sein muss. Der in Solingen gelegene Fronhof ist bereits zum Ende des 11. Jahrhunderts erwähnt, befindet sich aber nicht in der Hand der bergischen Grafen, sondern wird bis zum Jahr 1363 ausschließlich an kleinere Adelige und Freie weiterverkauft. Ausgerechnet im Jahr des Aufkommens der Ämter, also 1363, wird dieser Hof dem Kloster Altenberg für 3850 Goldschilde verkauft. Das Kloster hatte eine besondere enge Beziehung zum Hause Berg, so dass mit dem Verkauf kein wirklicher Machtverlust für die Grafen einhergeht.

Aber bereits im selben Jahr wird aus den Quellen deutlich, dass dem Amt Solingen die Gerichtsorte Solingen, Wald, wo es tatsächlich Besitz der Berger gegeben hat, Sonnborn, Gruiten, Düssel, Schöller und Hilden zugehörig sind. Für die Stadt Wuppertal sind dabei besonders die Orte Sonnborn und Schöller interessant. Vohwinkel wird nicht eigens genannt, was damit zusammenhängt, dass es im Spätmittelalter weniger bedeutend als Sonnborn war, zu dem Vohwinkel etwa kirchlich gehörte.

a. Sonnborn und Vohwinkel

Das Gehöft mit dem Namen Vohwinkel wird 1356 erstmals urkundlich fassbar und gehört zu diesem Zeitpunkt klar zur Sonnborner Kirche, bei der es sich um ein sehr altes Kirchspiel handeln muss, wie archäologische Spuren eines Friedhofs bei Nathrath ebenso belegen wie die erste urkundliche Erwähnung einer Kirche auf dem Kirberg von 873, die zwar eine Fälschung aus dem 12. Jahrhundert ist, aber eventuell, wie der Friedhof nahelegt, einen wahren Kern beinhaltet.

Die Erstwähnung Vohwinkels findet sich in einer Verkaufsurkunde. Der Ritter Heinrich von Schönrode und seine Frau Lysa verkaufen das Gut Vohwinkel an das geistliche Damenstift zu Gräfrath. Ort dieses rechtlichen Vorgangs war das Gericht in Sonnborn, was noch einmal die Bedeutung dieses Ortes hervorhebt. Der Grund für diesen Verkauf ist nicht ersichtlich. Eventuell gibt es einen Zusammenhang mit der im Jahre 1348 grassierenden Pestwelle, die die Bevölkerung Vohwinkels stark dezimierte und den Hof Vohwinkel so ohne Pächter ließ. Das würde erklären, warum das Damenstift dort einen neuen Pächter einsetzte. Diese Pächter hatten seit 1488 die Pflicht, einem Herrn Peter im Bruch immer zu Pfingsten eine Abgabe von drei Albus (damalige Münze) zu geben. Er erhielt diese deswegen, weil der Hof Vohwinkel ein Stück seines Landes gekauft hatte. Bereits sechs Jahre früher erscheint der Hof Vohwinkel in den Quellen als einer der Höfe, der der Kirche St. Antonius in Elberfeld drei Malter Hafer zur Verfügung stellt, damit der dort wohnende Pfarrer versorgt werden kann.

Ersichtlich ist an diesem Vorgang, dass Vohwinkel und Teile Sonnborns selber gar nicht zum Amt Solingen gehörten, sondern klar dem Damenstift in Gräfrath unterstanden, das eben nicht dem Amt Solingen zugeordnet war. Das Stift war aber durch die Grafen von Berg gefördert worden und stand so in enger Beziehung zum Territorialherrscher.

Aber auch andere, eigentlich nicht zum Eigentum des Grafen von Berg gehörende Güter fielen durch rechtliche Besonderheiten in seine Verantwortung. Deutlich wird das an einem bereits 1218, also gute 100 Jahre vor Vohwinkel, erwähnten Gut, das Eigentum des Damenklosters Gerresheim ist. Es handelt sich um das Gut Lüntenbeck, das aber als so genannter Oberhof wohl schon im 9. Jahrhundert in den Besitz des Klosters übergegangen war. Erst 1427 wurde diese direkte Verbindung zum Koster gelöst, denn das Gut wurde verpachtet, so dass die neuen Herren nun weit eigenständiger agieren konnten. So hielten sie ihr eigenes Gericht ab und traten auch den abhängigen kleineren Höfen gegenüber wie Landesherren auf. Dennoch hatten die bergischen Grafen gewisse Rechte in Bezug auf Gerresheim und somit auch auf die von ihm abhängigen Höfe im Wuppertaler Raum.

Dieser Umstand hat unter anderem damit zu tun, dass geistliche Einrichtungen nicht unter das weltliche Gericht fielen, aber als Herren über Güter dennoch gerichtliche Aufgaben übernehmen mussten. Dafür schlossen sie in der Regel Verträge ab, in denen ein ortsansässiger Adliger für das Kloster oder den Stift die gerichtlichen Aufgaben übernahm. Um diese Aufgaben übernehmen zu können, wurde der Adlige bezahlt, und so erhielt er gewisse Rechte über die Höfe, die von den geistlichen Institutionen abhängig waren. Für das Kloster Gerresheim war dies der Graf von Berg, der so zum Vogt des Klosters wurde. Seine Rechte wurden an seiner statt vom Amtmann in Solingen bzw. dessen Vertreter wahrgenommen.

Aber es gab auch tatsächliche vom Amt unabhängigen Kleingüter. Das Gut Hammerstein ist dafür ein Beleg. Hammerstein wird erstmals 1409 erwähnt. Bereits 1453 findet sich Varresbeck als Grenze zwischen Elberfeld und Hammerstein, was die Unabhängigkeit des Ritterguts verdeutlicht. Dass Varresbeck selber auch der Name eines Rittersgutes ist, das erstmals Ende des 14. Jahrhunderts Erwähnung findet, verdeutlicht die komplizierte Territorialsituation.

b. Schöller

Noch unübersichtlicher wird es, wenn man sich das Rittergut Schöller vornimmt, das zum Amt Solingen gehörte, aber dessen Besitzer recht eigenständig agierten. Erste Spuren einer Ortschaft Schöller finden sich im Jahre 1182, also noch vor der uns hier interessierenden Zeit. Zum damaligen Zeitpunkt war Schöller keine eigenständige Herrschaft, sondern ein Hofgut, das zum Kloster Corvey gehörte. Doch 1430 wurden dem Kloster alle Rechte an den Einkünften, die aus dem Gut erwachsen, von der Familie von Schöller, deren Wurzeln eben bis zu der ersten Erwähnung rund 250 Jahre vorher zurückreichen, abgekauft. So gehört das Gut zwar noch nominell zum Kloster, das hat aber von diesem keinerlei Erlös mehr.

Bereits zu Beginn des 14. Jahrhunderts wird Schöller als eigenständiger Pfarrbezirk erwähnt. Die dortige Kirche war zunächst eine Kapelle des Hofguts, entwickelte sich aber dann zu einer von dem Gut unabhängigen Kirche, in der der Pfarrer von den Gläubigen ernannt wurde, nicht mehr vom Besitzer des Gutes. Diese hatten vor dem 14. Jahrhundert die Pfarrer dort eingesetzt. Allerdings taten sie dieses nur in den geraden Monaten, war die Stelle in den ungeraden Monaten vakant geworden, fiel das Recht dem Landesherren zu.

Die alte Dorfkirche (12. Jh.) der Kirchengemeinde Gruiten-Schöller – der ältesten Gemeinde des Bergischen Landes (Sammlung Fabienne André)

Auch wenn das Recht, den Pfarrer zu besetzen, nun von den Besitzern des Gutes auf die Gläubigen übergegangen war, war die besagte Regelung nicht aufgehoben. Denn auch wenn Schöller seit dem frühen 14. Jahrhundert als eigenständig galt, hatte laut Unterlagen aus dem Jahr 1360 der Graf Adolph von Berg weiterhin den Titel des Rektors der Pfarre inne, schien also formal noch das Recht zu haben, den Pfarrer einzusetzen. Das heißt, dass die Wahl des Pfarrers durch die Gemeindeglieder nur in geraden Monaten möglich war, in ungeraden verblieb das Recht weiterhin beim Landesherren.

Ein recht deutliches Zeichen für die Eigenständigkeit der Kirche in Schöller war ein Erbe, das dem Pfarrer dort 1330 vermacht wurde. Es handelte sich um einen Weinberg bei Mondorf, der dem Pfarrer durch Gyso von Varisbech vermacht wurde. Lange blieb dieser Weinberg aber nicht in der Hand der Pfarrer von Schöller, denn knapp 100 Jahre später gehört er einer Marienbruderschaft in Neviges, zu der aber auch der Pfarrer von Schöller zählte. Dieser mag der Bruderschaft den Weinberg gestiftet haben.

Es bleibt die Frage, warum Gyso von Varisbech gerade Schöller den Weinberg vermachte. Der Grund liegt darin, dass sowohl er als auch sein Bruder Everhard selber Pfarrer in Schöller waren.

Dieser Pfarrdienst muss in den Jahren zwischen 1310 und 1330 stattgefunden haben, Everhard indes ist 1322 nachweisbar.

Für die Herrschaft Schöller ergibt sich so ein verwirrendes Verwaltungssystem im Spätmittelalter. Formal war das Kloster Corvey der Eigentümer, der aber alle Rechte an den Lehensnehmer, die Familie Schöller abgetreten hatte. Diese wiederum hatten das Recht der Pfarrwahl an die Dorfgemeinschaft weitergegeben. Dieses Recht war aber bei der Pfarrwahl durch den Landesherren eingeschränkt, der in sechs Monaten des Jahres den Pfarrer einstellen konnte, wenn die Stelle vakant geworden war. Gleichzeitig waren die Pfarrer so unabhängig, dass sie Eigentum der Kirche an andere Institutionen verkaufen bzw. verschenken konnten.

2. Burg, Tafelgut und Kirche: Das Amt Elberfeld

Die Anfänge der beiden Stadtteile Elberfeld und Cronenberg liegen irgendwann im frühen Mittelalter. Wie eine vom Bergischen Geschichtsverein Wuppertal in Auftrag gegebene dentrochronologische Untersuchung gezeigt hat, ist die Gründung Elberfelds an den Anfang des 10. Jahrhunderts zu verorten. Um das Jahr 930 herum sind dort Bäume als Särge genutzt worden, die eine recht frühe Besiedlung des Ortes höchst wahrscheinlich machen.

Etwa 100 Jahre später, im Jahre 1050 wird Cronenberg zum ersten Mal erwähnt. Im Heberegister des Klosters Werden, im heutigen Süden von Essen, findet sich ein interessanter Vermerk. Darin wird erwähnt, dass eine Edelfrau mit Namen Adelheid zwölf Hofesstellen, neben ein paar anderen Dingen, dem Kloster vermachte, darunter auch den Hof Cronberga. Dieser Hof war wohl kein landwirtschaftlicher Betrieb, sondern schon früh mit dem Gewerbe der Eisenverarbeitung verknüpft, wie archäologische Funde nahelegen.

a. Cronenberg

Für die uns interessierende Zeit ist Cronenbergs Erwähnung in einem weiteren Dokument des Klosters Werden von Bedeutung. 1312 finden sich ein paar Einwohner Cronenbergs in einem Regest aufgeführt. Udo von Rottspiepen, Arnold von Kuchhausen, Wolbero von Küllenhahn und Nanno von Vonkeln sind zwar formal vom Kloster abhängig, müssen jedoch nur einmal im Jahr Wachs für Kerzen als Abgabe leisten, was sie de facto zu sehr freien Menschen machte.

Cronenberg gehörte formal zur Burg Elberfeld, war aber aufgrund der nicht unerheblichen Distanz in seiner wirtschaftlichen Entwicklung sehr selbstständig und unabhängig von der Burg. Als diese 1176 an die Grafen von Berg verpfändet wurde, war auch Cronenberg Teil dieses Handels. Als gut 100 Jahre später der Erzbischof den Pfand wieder einlöste, verblieb bei den Grafen von Berg aber weiterhin das Recht der niederen Gerichtsbarkeit. Die chronische Geldknappheit der Erzbischöfe führte immer wieder zu Verpfändungen Cronenbergs und vor allem Küllenhahns. Im Zuge der Territorialsicherung der Berger, die deren Politik im Spätmittelalter bestimmte, wollte man Ordnung in dieses System schaffen, so dass 1427 der endgültige Verkauf Cronenbergs und Elberfelds an die Herzöge von Berg stattfand.

Aber auch die Territorialherren mussten haushalten. Die Verpfändung ging daher weiter. Schon ein Jahr nach dem Kauf tritt mit Lübbert von Galen ein erster Mensch auf, der die Hälfte der Einnahmen aus Elberfeld und Cronenberg verpfändet bekommt. Er vermachte der Kirche in Cronenberg das Gut Steinbeck.

Im Laufe der Zeit war aus dem ehemaligen Gut ein Ort mit vielen Einwohnern geworden. Das zeigt sich etwa daran, dass bereits im 14. Jahrhundert das Hofgericht offiziell seine Arbeit aufnahm. Dies ist ein deutliches Zeichen für eine recht unübersichtliche Bevölkerungsstruktur, der man nur durch neue formale Ordnungen Herr werden konnte. 1453 endlich erhielt Cronenberg offizielle Dorfrechte und durfte sich ab dann auch so nennen.

b. Elberfeld

Die Geschichte Elberfeld ist fest mit der 1366 erstmals erwähnten Burg verwoben, deren Reste sich heute unter den gepflasterten Straßen befinden. Diese Burg war ein Tafelgut der Erzbischöfe von Köln und wurde immer wieder an die Grafen von Berg verpfändet, aber auch immer wieder zurück erlangt. Dieser ständige Wechsel verunmöglichte eine wirkliche Eingliederung des Ortes. Erst mit dem Kauf um das Jahr 1430 herum änderte sich das. Denn mit dem Kauf des zentralen Ortes, entstand zugleich das Amt Elberfeld, da der Ort zusammen mit Cronenberg nicht in ein bestehendes Amt eingegliedert werden konnte. Damit ist Elberfeld ein Amt, das erst 70 Jahre nach Einführung der Ämterverfassungs in bergische Territorium integriert wurde.

Dieser Schritt hatte vor allem auch damit zu tun, dass bereits vor dem Kauf die Freiheit Elberfeld entstanden war, die sich erst-

Burg Elberfeld. „Elberfeld vor dem Brande im Jahre 1537“, Lichtdruck von W. Biede, Nürnberg, Gemälde nach Joh. Van der Weye (Sammlung Stadtarchiv Wuppertal)

mals 1410 nachweisen lässt. Darunter versteht sich eine eigenständige Gemeinde, die aber nicht als Stadt gilt. Die Bewohner einer solchen Freiheit sind von den Abhängigkeiten der Burg losgelöst. So führte die Freiheit Elberfelds wohl dazu, dass tatsächlich ein gleichnamiges Amt etabliert wurde, zu dem dann auch Cronenberg gehörte, das seit dem 12. Jahrhundert Teil des Tafelgutes Elberfeld war.

Dieser Inbesitznahme des Tafelgutes waren neben zahlreichen Verpfändungen auch viele kriegerische Auseinandersetzungen zwischen Berg und Mark vorausgegangen. So kam es, dass die Märker 1398 die Burg nicht nur belagerten, sondern auch in einem Sturmangriff übernehmen wollten. Dabei wurde Graf Dietrich von der Mark durch einen Pfeil tödlich verwundet.

Es mag diesen kriegerischen Phasen geschuldet sein, dass sich die Bergischen Herren über Elberfeld dazu entschlossen eine Landwehr anlegen zu lassen, die sich etwa dem Verlauf des Mirker Bachs anpasste. Diese Landwehr, die auch am Ostersbaum vorbeiführte, wo es wohl einen Schlagbaum gab, also eine wirkliche Grenze zwischen den Ämtern, ist heute nicht mehr nachzuvollziehen. Möglicherweise existierte sie nur nur wenige Jahre. Warum dies so war, hat unter anderem mit Barmen und dem Amt Beyenburg zu tun.

Für die Entwicklung Elberfelds ist aber neben der Burg auch die Kirche von entscheidender Bedeutung. Denn auch wenn, wie erwähnt, eine Kirche schon recht früh nachgewiesen werden kann, ist nicht klar, ob mit der Kirche auch ein eigenes Kirchspiel vorhanden war. Erste Spuren eines solchen finden sich dann auch erst in der hier zu behandelnden Zeit. Mit dem Jahr 1302 ist von einem Pfarrer Petrus die Rede, die nächste Spur eines Pfarrers erscheint 120 Jahre später mit Johann Wymmar. Von da an werden die Namen der Priester häufiger.

Diese zweite Nennung eines Pfarrers im Jahr 1428 ist aber auch aus andern Gründen interessant. Sie belegt nämlich, dass auch die Cronenberger zum Seelsorgebereich des Elberfelder Pfarrers gehören. Zahlreiche Hinweise aus der Zeit um 1500 lassen zudem eine Verbindung der Höfe in Unterbarmen nach Elberfeld vermuten, so dass das Kirchspiel, das von der Kirche in Richrath abhängig war, Elberfeld, Cronenberg und den westlichen Teil Barmens umfasste.

3. Barmen, Ronsdorf und die Wupperschleife: Das Amt Beyenburg

Auch das Amt Beyenburg gehört nicht zu den ursprünglichen Ämtern des Bergischen. Erst um 1390 taucht das Amt auf. In einer kriegerischen Auseinandersetzung zwischen Berg und Mark 1397 kam es zu einer herben Niederlage des bergischen Herzogs, die mit dessen Festsetzung einherging. Als Pfand für seine Freilassung war eine Verpfändung des Amtes Beyenburgs inklusive Barmens nötig. Der Pfandbrief von 1399 ist die erste Erwähnung des Amtes Beyenburg.

Räumlich lässt sich das Amt kaum abstecken, klar ist jedoch, dass die bergischen Herrscher von hier aus die Gebiete Lüttringhausen (und mit ihm Ronsdorf), Radevormwald, Remlingrade und Barmen verwalten ließen. Hinzu kommen zwei Exklaven der bergischen Herrschaft, die sich im märkischen Bereich befanden: Die Oberhöfe Bransel und Möllenkotten im Kirchspiel Schwelm.

Das Amt Beyenburg ist für die mittelalterliche Geschichte Barmens von entscheidender Bedeutung. Durch die Beyernburger Amtsrechnung von 1467 ist eine Liste der Barmer Hofschaften überliefert, die über das Leben der Menschen einiges aussagt.

a. Beyenburg

Der Name Beyenburg wird 1336 das erste Mal erwähnt. Dabei ist wichtig, dass der Name nicht etwa den heutigen Stadtteil bezeichnet hat, sondern es sich dabei tatsächlich um den Namen einer

Burg handelt, die aber nicht, wie die Volksetymologie behauptet, etwas mit Bienen zu hat. Wichtig ist festzuhalten, dass bereits 1307 ein ähnlich klingender Name auftaucht, der allerdings den Beyenberg bezeichnet. Im 14. Jahrhundert sind dies nicht die einzigen und ersten Hinweise auf das Gebiet. Auch der Bereich Knapp bzw. der Tegelberg sind frühe Namen in Beyenburg. Andere Hof- und Flurnamen tauchen erst ab dem 16. und vor allem vermehrt im 18. Jahrhundert auf.

Eine Ausnahme bildet Steinhaus. Schon vor der Erwähnung des Beyenberges ist dieser Name im Jahr 1298 erwähnt. Der Grund dafür liegt in der Errichtung eines Klosters durch den Orden der Kreuzherren, die ursprünglich aus den Niederlanden nach Beyenburg gekommen waren. Ihnen wurde schon vor diesem Jahr durch Graf Adolf von Berg die Kapelle zum Steinhaus vermacht,

Das heutige Kloster Steinhaus (Sammlung Fabienne André)

doch wurde diese Schenkung 1298 noch einmal durch dessen Bruder Konrad bestätigt.

Die Gründung des Klosters ist für die Entwicklung Beyenburgs interessant, weil in ihr indirekt bestätigt wird, dass bereits vor der ersten Erwähnung eine Besiedlung der Ortschaft bestanden haben muss, die recht groß war. Denn der Hof Steinhaus war ein Hof der bergischen Grafen, also ein Herrenhof, an dem sich ein Vertreter aufhielt, der sich um die umliegenden Höfe kümmerte. Dieser aus Stein gebaute Hof besaß eine Kapelle, die den Brüdern als Kloster übereignet wurde.

Die Kreuzherren waren mit dem Standort aber sehr unzufrieden. Als Zentrum einer kleinen Ortschaft, durch die eine Straße führte, war das Steinhaus als Ort der Abgeschiedenheit denkbar ungeeignet. So zogen die Brüder bereits 1303 auf den nahe gelegenen Beyenberg. Bei dem ständigen Wechsel von Burg und Berg ist deren etymologische Verwandtschaft zu bedenken, denn in anderen Urkunden wird der Berg als Beyenburg bezeichnet, was aber noch keine Aussage darüber ist, dass dort tatsächlich bereits zu Beginn des 14. Jahrhunderts eine Burg stand.

Das Steinhaus alleine war zwar wohl eine befestigte Anlage aus dem 11. oder 12. Jahrhundert, wie seine Ersterwähnung 1189 nahelegt, aber mit Sicherheit keine eigenständige Burg. Diese wurde erst 1336 erwähnt. In dem Dokument wird den Kreuzherren von den Grafen von Berg eine Ausgleichszahlung für das Gelände, auf dem die Burg steht, ausgestellt. Es ist daher davon auszugehen, dass die Burg wenige Jahre vorher erbaut wurde oder sich vielleicht noch im Bauzustand befand. Sinn und Zweck der Burg war ein erster Schutz vor Angreifern aus dem Märkischen, um als ein echtes Bollwerk zu gelten, war sie mit Sicherheit zu klein.

Dennoch war es im Schutz dieser Burg möglich, dass sich dort ein schnell wachsendes Gemeinwesen etablierte. Dieses muss schon vor dem Jahr 1448 Freiheitsrechte besessen haben, da es ab diesem Zeitpunkt als Freiheit Beyenburg bezeichnet wird. Das Kloster und die Burg als Amtssitz sowie gelegentliche Residenz der Herzöge von Berg machten den Ort für zahlreiche Händler, Handwerke und andere Professionen beliebt, so dass das Freiheitsrecht vergeben wurde. Diese Verleihung der Rechte führte zur Wahl eines eigenen Bürgermeisters und auch einen Gerichtsbaum gab es.

Die Burg war ausschlaggebend für die Benennung und den Sitz des Amtmannes des Amtes Beyenburg. Von der Bedeutung her wären Lüttringhausen, Radevormwald oder auch Remlingrade als Ort des Kirchspiels als Namensgeber des Amtes möglich gewesen. Doch die neue Burg mit ihrer Lage an der märkischen Grenze war für die Berger zu verlockend. Außerdem war der Ort Beyenburg zwischen den genannten Orten eventuell als neutraler Grund anzusehen, so dass keinem der Orte eine herausgehobene Stellung zukam.

b. Ober- und Unterbarmen

Wie bereits erwähnt, umfasst das Amt Beyenburg nicht nur diesen heutigen Stadtteil selber, sondern auch Barmen sowie das Kirchspiel Lüttringhausen, das die einzelnen Höfe in Ronsdorf mit einschloss. Die späte Gründung dieses Amtes war auf die unmittelbare Bedrohung durch die Märker zurückzuführen, deren Stärke man im Bergischen Ende des 14. Jahrhunderts unterschätzt hatte. Wie am Beispiel Elberfelds gezeigt, war die Macht der Märker aber kontinuierlich gewachsen, so dass die Grenze zu ihrem Territorium durch eine Burg gesichert werden musste. Zum Unterhalt dieses Verteidigungspostens wurden angrenzende Gebiete dem Amt zugeschlagen.

Das änderte freilich nichts daran, dass es zu kriegerischen Auseinandersetzungen kam. Der frisch zum Herzog ernannte Herrscher über Berg unterlag am 7. Juni 1397 dem Grafen von Mark, wurde dabei von diesem festgesetzt und wurde Opfer einer im Spätmittelalter üblichen Praxis. Seine Freiheit konnte er gegen Zahlung eines Lösegelds zurück erhalten. Da Krieg aber Geld kostet, war diese Zahlung von 74.000 Goldschilden dem Herzog nicht möglich zu leisten und so war er gezwungen, Land zu verpfänden. Der Graf von der Mark verlangte ganz Barmen als Pfand. Die Argumentation dabei war äußerst interessant.

Zwar war Barmen 1245 den Bergern durch Kauf von den Ravensbergern, die ihr Territorium bei Bielefeld hatten, zugefallen und somit seit geraumer Zeit Bergisch, aber die Märker hatten von einem Ministerialengeschlecht dieser Ravensberger 1384 den Hofesverband Wichlinghausen gekauft. Zu diesem Hofesverband gehörte viele einzelne Höfe, die unter anderem in Heckinghausen lagen, einer sogar im Gebiet der Hardt. Der Marker zeigte nun an, dass diese kleinen Höfe das eigentliche Barmer Gebiet ausmachen würden, und folgerte daraus, dass er ein Anrecht auf das Bergische Barmen habe, das in seiner Argumentation in seinem Territorium lag. Jetzt galt es nur noch festzusetzen, wie groß dieses Barmen eigentlich war, das fortan als märkisch angesehen wurde.

Schon 1324 hatten die Grafen von der Mark die Freigrafschaft Volmarstein erobert und die Burg zu ihrem Eigen gemacht. Mit dieser Freigrafschaft war ein Gerichtsrecht verbunden, das auch die Kirchspiele Hagen und Schwelm einschloss. Eine Grenzziehung des Einflussbereichs dieses Gerichts gab es zu diesem Zeitpunkt bereits. Dort wurde klar festgehalten, dass die Grenze Barmens dem Mirker Bach folgt und somit an der Burg Elberfeld entlang lief, die zu diesem Zeitpunkt noch Kölner Tafelgut war. Fortan galt diese Gerichtsgrenze als Westgrenze Barmens.

Der Bergische Herzog musste dieser Argumentation nachkommen, was seine Söhne nur wenig begeisterte. Sie setzten ihren Vater in der Düsseldorfer Residenz fest und machten sich auf, diesen in ihren Augen ungerechten Handel rückgängig zu machen. Zunächst galt es aber, die Expansionsbemühungen des Märkers aufzuhalten. Dazu wurde die bereits erwähnte Landwehr erschaffen, die sich entlang des Grenzgewässers Mirke befand. Eine Landwehr aber, die eine Grenzbefestigung darstellte, die durch einen Erdwall und Graben sowie wucherndes Pflanzenwerk gekennzeichnet ist, braucht, bevor sie tatsächlich funktioniert, etwa 10 Jahre. Dieser Zeitraum war der Elberfelder Landwehr zwar gegönnt, aber genutzt wurde sie höchstens 10 weitere Jahre.

Denn um das Jahr 1420 herum gab es eine erneute Vereinbarung zwischen Mark und Berg, in der der Herzog die Pfandbestimmungen noch einmal bestätigte. Ein solches Dokument ist oftmals der Hinweis darauf, dass sich an ursprünglich Festgemachtes nicht gehalten wurde. Also waren die Söhne des Herzogs mit ihren Bestrebungen zur Rückgewinnung Barmens wohl derart erfolgreich, dass der Graf von der Mark eine erneut Bestätigung verlangte. Das bedeutet aber auch, dass sich die Machtverhältnisse zwischen beiden Kontrahenten verändert hatten. Die Position des Märkers war geschwächt, die Berger hatten nun die Möglichkeit, Barmen in ihren Grenzen zu definieren. Ausgehend von dem Wichlinghauser Hofesverband gestatteten sie dem Grafen einen recht kleinen Teil Barmens zu behalten. Statt an der Gerichtsgrenze aus Volmarstein orientierten sich die Berger an den Kirchspielgrenzen von Elberfeld und Schwelm. Diese wurde entlang der Leimbach und des Fischertals gezogen und so wurde dort eine neue Landwehr errichtet, deren Spuren bis heute wesentlich besser auffindbar sind, als die der Elberfelder, die im Zuge dieses Prozesses verschwand.

Im Verlauf des 15. Jahrhunderts konnte zudem der Pfand des Herzogs voll eingelöst werden, denn 1467 sind nahezu alle Höfe Barmens in der Beyenburger Amtsrechnung verzeichnet.

Dennoch hatte die Trennung Barmens zu Beginn des 15. Jahrhunderts Auswirkungen. In den märkischen Akten und Unterlagen findet sich im Laufe dieses Jahrhunderts Ausdrücke wie Oberbarmen oder Niederbarmen, die später auch in den Bergischen Unterlagen auftauchen und bis heute, wenn auch als Unter- und nicht mehr Niederbarmen, Gültigkeit haben. Die Tatsache, dass in dem Bereich Oberbarmen bis in das 19. Jahrhundert hinein formal das Märkische rechtliche Handhabe hatte, machte diese Unterteilung der Märkischen Obrigkeit logisch und sinnvoll. Der Zuzug vieler Menschen aus dem Märkischen ins Bergische im Laufe des 18.

Jahrhunderts machte diese Begrifflichkeit auch für die Einheimische Bevölkerung fassbar, so dass diese Begriffe für die beiden Teile Barmens erhalten blieben. Die bergische Verwaltung jedenfalls hatte im 15. Jahrhundert diese Unterteilung nicht vorgenommen. Die Beyenburger Amtsrechnung unterteilt die Höfe nicht einmal, die Art der Auflistung lässt aber klar eine Unterteilung Barmens in diesseits der Wupper und jenseits der Wupper erkennen, die sich begrifflich aber nicht widerspiegelt.

c. Ronsdorf

Auch wenn das Amt Beyenburg in den 1390er Jahren existent war, gehörte Ronsdorf zu diesem Zeitpunkt noch nicht dazu. Erst im Oktober 1407 wird es aus dem Amt Bornefeld zusammen mit dem gesamten Kirchspiel Lüttringhausen, zu dem es gehörte, herausgelöst und dem damaligen Amtmann von Beyenburg verpfändet. Der Name Ronsdorf ist zu diesem Zeitpunkt allerdings noch gar nicht vergeben. Zwar gibt es eine recht frühe Erwähnung eines *Rumpsdorfes* 1246, aber es ist höchst unklar, ob damit tatsächlich das Wuppertaler Ronsdorf gemeint ist. Mit dem Wechsel Lüttringhausens von Bornefeld nach Beyenburg wechselten in Ronsdorf die administrativen Zuständigkeiten, was durch die Erwähnung des Hofes Erbschlö im Jahr der Verpfändung deutlich wird. Erbschlö ist dann auch einer der Höfe, die den heutigen Stadtteil das erste Mal gesichert in das Licht der Geschichte treten lassen, als dieser zusammen mit den Höfen Boxberg, Huckenberg und Farrenbraken 1312 erstmalig erwähnt wird.

Zum Ende des 15. Jahrhunderts hin, 1494, taucht dann auch endlich der Ortsname Ronsdorf selber auf. Allerdings bezeichnet er keinen Hof, sondern eine Person. Johann von Ronsdorp ist Viehhändler und als solcher in Köln beschäftigt, wo er unter dem Namen des Ortes erwähnt wird, aus dem er kommt. Der Hof mit diesem Namen, auf dem am 30. Juni 1690 Elias Eller geboren wird, wird erstmals 1547 als Hof des Lüttringhauser Kirchspiels erwähnt. Die dort lebenden Bauern sind dazu verpflichtet, anstelle von Abgaben für das Kirchspiel zu arbeiten.

4. Dönberg: die Unterherrschaft Hardenberg

Auch wenn Dönberg 2017 sein 500jähriges Bestehen feierte, so ist der Ort doch älter. Eine besondere Rolle spielt dabei der Dönberger Wald, dessen angrenzende Höfe vor 1220 schon in einer Vogteirolle der Grafen von Isenberg-Altena zu finden sind. Die Grafen waren Vögte des Stiftes Rellinghausen, für das die Grafen die weltlich-rechtlichen Angelegenheiten regelten. Damit sind schon einmal zwei Herren erwähnt, die für den Bereich Dönberg eine wichtige Rolle spielen.

Ein Hof findet darüber hinaus schon 1038 Erwähnung, der Hof Sivoneken. Dieser taucht erneut in der Vogteirolle von 1220 auf. Hof Siebeneichen zieht sich durch zahlreiche Dokumente und wird ab 1442 durch den Hof Vinckenscheydt ergänzt. Damit ist ersichtlich, dass auch der Dönberg im späten Mittelalter des Wuppertals eine Rolle spielte.

Wo genau die Hardenberger hergekommen sind, ist nicht ersichtlich. Im Jahr 1145 tritt das Bruderpaar Hermann und Nivelung in Erscheinung, die sich als Grafen von Hardenberg bezeichnen, ein Titel, der danach keine Erwähnung mehr findet. Hermann war, so schreibt es Crecelius, Teilnehmer an einem Kreuzzug, sein Bruder übernimmt dann seine Aufgaben. Beide Brüder stehen Mitte des 12. Jahrhunderts in recht hohem Ansehen. Sie vertreten den Pfalzgrafen von Kaiserwerth und unterzeichnen als Zeugen eine Urkunde König Konrads III.

Doch mit der Familie geht es, betrachtet man den Einfluss auf die große Politik, nach ihrem ersten Auftreten bergab. Ihre Positionen schwächeln und so konzentrieren sie sich vor allem auf ihre Rolle als kleine, aber unabhängige Landesherren in einer umstrittenen Grenzregion zwischen Berg und Mark.

Anfänglich halten sich die Hardenberger vor allem an die Berger, was insofern verwundert, als dass man in diesen den überlegenden Konkurrenten beim Kampf um Macht und Einfluss in der Region sehen kann, doch im Zuge der Isenbergischen Kriege, die sich im Anschluss an den Mord Erzbischof Engelsberts II. von Berg ergeben, wechseln sie, wohl auch, weil es zunächst an einer fehlenden, führenden Figur im Bergischen mangelte, an die Seite der Märker. Diese hatten ihr Einflussgebiet zu diesem Zeitpunkt zudem bis an die Grenzen des Hardenbergischen Territoriums ausgestreckt. Bis zum 14. Jahrhundert lässt sich diese neue Verbindung durch zahlreiche Zeugenschaften der Hardenberger nachvollziehen bis hin zum Umstand, dass 1317 Nivelung II. von Hardenberg als Ratsmann des Grafen auftritt.

Im Zuge der Territorialsicherung und Konsolidierung der großen Herrschaften war es für die Hardenberger immer schwieriger ihre kleine Besitzung aufrecht zu erhalten. Zahlreiche Landgüter mussten unter anderem an das Damenstift in Essen vermacht werden. Diese sich immer weiter verschlechternde wirtschaftliche Lage führte 1354 dazu, dass Heinrich II. von Hardenberg den Stammsitz an Graf Gerhard von Berg verkaufte, wohl weil dieser mehr Geld bot als der märkische Graf. Die Beziehungen ins Märkische waren aber immerhin noch so gut, dass die Familie in die Burg Hardenstein an der Ruhr zog, die sich bis heute unweit von Hattingen als Ruine erhalten hat.

Der Verkauf an die Berger war für diese von entscheidender Bedeutung. Die Hardenbergs besaßen Streubesitz innerhalb des bergischen Territoriums. Ein Verkauf an die Märker hätte erneut zu kriegerischen Auseinandersetzungen führen können, die Gerhard verhindern wollte.

Der Verkauf Hardenbergs an Gerhard wird durch einen Vertrag dokumentiert, der alle Höfe aufzeigt, die zum Gebiet der Hardenberger gehört haben. Dazu gehört ganz explizit die Ortschaft Dunk, die in eben diesem Verkaufsdokument zum ersten Mal erwähnt wird – kurioser Weise aber als Begrenzung eines Teils der

Herrschaft, die vom Verkauf ausgenommen wird. Ein Jahr später sind die drei alten Höfe des Dönberg, also Siebeneichen, Winkescheide und Dunk, sowie ein neuer Hof mit Namen An der Wort Teil dessen, was weiterhin als Herrschaft Hardenberg, nun als Teil des Bergischen, bezeichnet und als Abgabenzahler aufgeführt wird.

Die Berger nutzen die Herrschaft Hardenberg als Mittel der Geldbeschaffung. Innerhalb von etwa 100 Jahren seit dem Ende des 13. Jahrhunderts ereilte die Herrschaft das Schicksal der Verpfändung bis es 1496 dem letzten Pfandinhaber verkauft wurde, auch wenn der Berger Lehnsherr blieb.

5. Die Märkischen des Wupperthals: das Amt Wetter

Grund für die Anlage eines Amtes, dessen Zentrum Wetter an der Ruhr wurde, war die in Wetter vorhandene Burg, die dort im 13. Jahrhundert errichtet worden war und 1274 als Hochzeitsgeschenk des Grafen Engelbert an seinen Sohn Eberhard übergeben wurde. Dieser hatte so eine besondere Verbindung zu der Burg, die bei der Errichtung des Amtes ebenso in die Erwägungen einbezogen wurde, wie die Lage des Gebäudes selber.

Dieses älteste der Ämter, die sich das Gebiet des heutigen Wuppertals untereinander aufteilten, war durch die märkischen Grafen bereits vor 1324 gegründet worden. In diesem Jahr findet sich in den Quellen der erste Hinweis auf den Amtmann Engelbert von Altena.

Es ist möglich, dass die Errichtung der Ämter innerhalb der Grafschaft Mark mit dem westfälischen Landfrieden von 1298 in Zusammenhang stand. Dieser war zehn Jahre nach der Schlacht von Worringen geschlossen worden und verband die westfälischen Herrscher und freien Städte. Der Zusammenschluss in diesem Frieden machte es möglich, dass man sich im Westfälischen konzentriert gegen das Erzbistum von Köln richten konnte, das auch nach der verlorenen Schlacht weiterhin seine Stellung ausbauen wollte.

Es war Graf Eberhard I. von der Mark, eben jener, dem 1274 die Burg geschenkt worden war, der im Zuge des Landesfriedens durch den Beginn einer Verwaltungsreform die Grafschaft konsolidierte, um so dem Erzbischof klar die Grenzen von dessen Einflussmöglichkeiten aufzuzeigen. Erst seinem Sohn gelang es aber wohl, die Ämterverfassung umzusetzen und gleichzeitig die Einflussmöglichkeiten des Erzbischofs zu begrenzen. Dabei spielte die Burg Wetter eine entscheidende Rolle.

Im Jahr der Ersterwähnung des Amtes Wetter, hielt sich Eberhards Sohn und Nachfolger Engelbert II. in der Burg Wetter auf, um von dort aus ein für alle Mal die Nachbarburg Volmarstein einzunehmen, was ihm auch ohne Probleme gelang. Die mit der Burg und Zusammenhang stehende Freigrafschaft verschaffte ihm Einfluss auf Teile des Barmer Ostens, die von seinen Nachfolgern, wie oben erwähnt, genutzt wurden, um ganz Barmen um 1400 herum in ihre Hand zu bekommen. Sein Enkel, mit gleichem Namen, starb im Dezember 1391 auf der Burg Wetter an der Pest.

Die Errichtung der Burg an dieser Stelle neben der Burg Volmarstein hatte ganz klare symbolische und politische Bedeutung, handelte es sich doch bei dieser um eine kurkölnische Anlage, die als Schutz des Handelsweges von Ennepetal nach Soest angesehen wurde und eben auch Gerichtssitz war. Zu diesem Ort gingen die Schwelmer und Hagener, wenn es um Strafangelegenheiten ging. Unter diesen Menschen mag sich auch der ein oder andere Langerfelder, Nächstebrecker oder Wichlinghauser befunden haben. Nach der Eroberung durch Engelbert II. wurde die Freigrafschaft dem Amt Wetter unterstellt, das aber bereits vorher Befugnisse und Einfluss in den nordöstlichen Gebieten des heutigen Wuppertals besaß.

a. Langerfeld

Der Bereich des heutigen Stadtteils Langerfeld bestand im späten Mittelalter aus mehreren Siedlungen. Neben dem Hof Langerfeld selber, der 1304 in einer Urkunde des Klosters Siegburg als dessen Eigentum ausgewiesen ist, findet sich in dieser Zeit auch das Gut Jesinghausen und Mitte des 14. Jahrhunderts auch der Ehrenberg (1359) und das Rauental (1367) in Urkunden wieder. Ebenso wie der Hof Langerfeld befinden sich Jesinghausen und der Ehrenberg bei ihrer ersten Erwähnung nicht im Besitz der märkischen Grafen, sondern gehörten zum Erzbistum Köln. Betrachtet man diese Güter genauer, entspinnt sich langsam, wie sie schlussendlich in das Territorium der Märker eingegangen sind.

Bei seiner ersten Erwähnung gehört das Gut Rauental den Herren von Limburg. Verfolgt man seine Geschichte weiter, stellt man schnell fest, dass das Gut schon um 1400 jemand ganz anderem zu eigen war. Das Amt Wetter hatten seit den 1385er Jahren Amtmänner des Hauses Wandhofen inne. Als einer davon starb, vermachte er seiner Witwe das Gut Rauental. Ab da verliert sich das Gut wieder in der Geschichte, taucht aber in den 1470er Jahren wieder auf, als die Wandhoffs eine Mühle im Rauental erben. Diese muss in der Zeit ab 1400 direkt an der Wupper, auf der märkischen Seite, erbaut worden sein. Mit der Übernahme beginnt der Ausbau des Gutes zu einer bescheidenen Wasserburg, die aber bereits im 18. Jahrhundert nicht mehr in Gebrauch war. Die Verbindung zu den Amtmännern von Wetter mag hier der ausschlaggebende Faktor für die Übergang ins Märkische gewesen sein.

Der Ehrenberg ist bis in das 15. Jahrhundert hinein umstrittenes Gebiet, obwohl er erst recht spät besiedelt wurde. So befindet sich sein Name sowohl im märkischen Schatzbuch von 1486 als auch in der Beyenburger Amtsrechnung 1467. Demnach gehörte das Gebiet sowohl zu Schwelm, als auch zu Barmen. Tatsächlich finden sich in jüngeren Darstellungen zwei Gebiete des Ehrenbergs, so dass es möglich ist, die Grenze zwischen beiden Gütern zu ziehen. Aufgrund einer desolaten Quellenlage sind die Inbesitzname des Ehrenbergs nicht klar zu deuten. Doch die erste Erwähnung des Gutes zeigt klar, dass es, wie erwähnt, zu den kölnischen Höfen gehörte. Hier mag eine Verpfändung des Gutes an Märker und Berger ausschlaggebend gewesen sein, wie es für zahlreiche andere Güter belegt ist.

Auch die Herren von Volmarstein besaßen zu Beginn des 14. Jahrhunderts einige Höfe im Raum Langerfeld. Dazu gehören das Gut Grünewald und das Weulengut. Der Name dieses Gutes leitet sich von seinem Besitzer ab, der eine enge Verbindung zu einem weiteren Gut nach Schwelm besaß. Die Erwähnung des Gutes im Jahr 1313 zeigt, dass das Gut älter war als diese Erwähnung, denn Lehnsnehmer ist ein Mann namens Winandus, dessen Vater Gottschalk auch genannt wird. Die Quelle für diese Erwähnung ist das so genannte 2. Lehnbuch der Grafen von Volmarstein, das vermutlich im Zuge einer Bestandsaufnahme bei Erbantritt im selben Jahr erstellt wurde. Dank dieses und anderer Lehnbücher kann man die Entwicklung dieses Gutes durch das 14. und 15. Jahrhundert hindurch gut nachvollziehen. So ist bereits 1313 klar belegt, dass das Gut schon geteilt war und diese Teilung beibehalten wurde.

Das Gut Grünewald wird auch das erste Mal 1313 erwähnt. Zu diesem Zeitpunkt gehört es Ludwig Bischof. Anders als im Fall des Weulengutes bleibt Grünewald erst einmal im Familienbesitz, denn in der Mitte des 14. Jahrhunderts gehört es Ludwigs Sohn oder Enkel Heinrich Bischof. Er bestätigt den Besitz 1401 noch einmal, doch vererbt er bald darauf das Gut an Arnold Bischof, der es an seinen Sohn Hentzeken weitergibt. Dieser wird 1486 als Lehnsnehmer erwähnt.

Bei der oben erwähnten Eroberung der Burg Volmarstein wurden neben dem Gerichtsrecht auch die Höfe selber übernommen, auch wenn die Lehnsbriefe aus der Zeit nach den Eroberungen zeigen, dass offiziell noch die Volmarsteiner zuständig waren. Es ist wohl von einem schleichenden Wechsel auszugehen, der mit dem langsamen Bedeutungsverlust der Volmarsteiner einherging.

Davon abgesehen ist noch eine andere Ursache mit der Übernahme verknüpft, denn obwohl alle diese Höfe unterschiedlichen Lehnsherren unterstanden, waren sie mit großer Wahrscheinlichkeit, wie viele andere Güter und Höfe im Schwelmer Raum auch, ursprünglich im Besitz der Kölner Erzbischöfe gewesen. Daher erklärt sich auch, dass diese Langerfelder Höfe allesamt zum Schwelmer Fronhof gehörten. Als dieser 1392 von den Grafen von der Mark aufgekauft wurde, fielen zahlreiche Höfe in die Verwaltungsgewalt des Amtes Wetter, das auch für den 1384 erworbenen Hofesverband Wichlinghausen zuständig war.

b. Nächstebreck

Eine ähnliche Situation wie in Langerfeld ist auch in Nächstebreck vorhanden. Auch hier gibt es zahlreiche Höfe mit ganz unterschiedlichen Lehnsherren. Das erlaubt einen Blick auf Nächstebreck, der über den des Jahres 1486 hinausgeht, als Nächstebreck das erste Mal in den Quellen namentlich genannt wird.

Tatsächlich finden sich die ältesten Spuren Nächstebrecker Güter bereits im 12. Jahrhundert, doch auch hier treten sie vermehrt mit dem 14. Jahrhundert in Erscheinung. Der Nächstebrecker Bruch und das Gut Haarhausen (beide um 1150) sind die ältesten Güter Nächstebrecks, gefolgt von Bracken (um 1220). Dann ab 1307, kommen immer neue Güter hinzu, wie Möddinghofe, der Nächstebrecker Busch und Berg (1310), Ecksteinloh oder Weuste 1332, Blumenroth und Uhlenbruch um 1350, Mählersbeck ab 1361, ein Jahr später Heide, und zu Beginn des 15. Jahrhundert schließlich Hölken (1401), Schellenbeck (1410) und Ellinghausen (1434). Mit der Ersterwähnung Nächstebrecks 1486 kommt dann im Märkischen Schatzbuch auch noch die Junkersbeck hinzu.

Auch diese Güter haben ganz unterschiedliche Lehnsherren, aber von den bekannten Herren aus Langerfeld finden sich zunächst nur die Volmarsteiner in Nächstebreck, denen das Gut Hölken zugehörig ist. Dieses Gut Hölken taucht das erste Mal in einem Lehnsbrief vom 7. August 1401 auf. Darin bestätigt Gobel von Kotthausen das Gut von den Grafen von Volmarstein erhalten zu haben. Nur fünf Jahre später wechselt das Gut den Besitzer, denn der Lehnsnehmer ist nun Hense von Haarhausen. Der Grund für diesen Wechsel liegt in der Tatsache, dass die mit der Erteilung des Lehens eingegangene Verpflichtung vom ersten Lehensnehmer Gobel nicht erbracht wurde. Er hatte aber die Möglichkeit, diese nachzuholen, um so das Gut wieder in seinem Besitz zu bringen. Dabei scheiterte er allerdings, denn 1420 findet erneut eine Neubelehnung statt, diesmal ganz klassisch auf den Sohn des verstorbenen Hense. Aber eine Dynastie der Bauern aus Haarhausen konnte auf dem Gut nicht etabliert werden. 1469 ist erneut eine Belehnung nötig, diesmal auf Hannes in der Hebbecke.

Der häufige Besitzerwechsel könnte darauf schließen, dass das Gut nicht besonders gut zu bewirtschaften war. Doch diese Annahme ist falsch. Das bereits erwähnte Schatzbuch von 1486 zeigt klar auf, dass das Gut im Hölken zu den Gütern gehörte, die am meisten Abgaben zahlen mussten, was wiederum auf eine hohe Leistungsfähigkeit schließen lässt. Hier findet sich dann wohl auch der Schlüssel dazu, warum zu Beginn des 15. Jahrhunderts eine Neubelehnung stattfand. Gobel, der Lehnsnehmer von 1401, hatte es wohl schlicht versäumt, die Abgabe zu zahlen. Ob dies an einem Versehen lag oder er durch die wirtschaftlichen Umstände bzw. eigenes Unvermögen oder widrige Umstände die fällige Abgabe nicht einbrachte, bleibt im Dunkeln.

Ebenso wie die Volmarsteiner nur ein einziges Gut in Nächstebreck als Lehen ihr Eigen nennen können, so ist dies auch mit dem Stift St. Viktor in Xanten der Fall. Diesem ist das Gut Ecksteinloh zugehörig. Dieses wurde bis 1506 an Adelige verpachtet, die es an uns unbekannte Bauern weitergaben. 1506 kommt ein erster bürgerlicher Pächter aus Wichlinghausen zum Zug: Dietrich, der das Pachtrecht vom Bernhard von Heiden käuflich erwarb.

Die Schwelmer Kirche und das Damenstift Gevelsberg hatten jeweils zwei Güter in Nächstebreck. Zur Schwelmer Kirche gehören Schellenbeck und ein Gut im Bruch. Der Name dieses Gutes tauchte zuerst in den Dokumenten des Klosters Werden auf. Im Laufe des Mittelalters wird es zur Aufteilung des Hofes gekommen sein, so dass auch die Schwelmer Kirche, als zuständiges Kirchspiel, einen Teil davon bekam. Das Damenstift Gevelsberg konnte sich alljährlich auf Abgaben der Güter der Höfe Blumenroth und Möddinghofe verlassen. Der letztere Hof war 1307 durch einen der Herren von Hardenberg an das Damenstift verkauft worden. Bluemroth hingegen ist in den Dokumenten, in denen das Gut 1350 auftaucht, immer zum Damenstift gehörig gewesen und wurde verpachtet. 1399 verkauften die Pächter ihre Rechte am Hof an die Küsterin des Stiftes Bela von Wickede.

Mögen die bisher aufgeführten Herren nur wenige Güter besitzen, so treten mit dem Damenstift in Essen und der Abtei Werden zwei große Gutsbesitzer in Nächstebreck in Erscheinung. Dem Damenstift Essen gehören mit Bracken, Berg, Bruch, Weuste, Haarhausen, Busch und später auch Junkersbeck ganze sieben Güter. Auch der ganz in der Nähe liegende Hof Diek jenseits der Barmer Grenze ist in seinem Besitz diesem Damenstift zugehörig. Das Haarhausener Gut und das Gut Bruch, als die beiden ersten überlieferten Güter Nächstebrecks, sind dabei augenfällig, denn ursprünglich gehörten sie zum Kloster Werden. Es ist von einer Teilung des Gutes im Verlauf des Mittelalters auszugehen. So kann man von zwei Haarhausen Gütern und mindestens drei Gütern im Bruch sprechen. Aus Nächstebreck zurückgezogen hat sich Werden jedoch nicht. Der Abtei gehören noch acht andere Güter. Diese Güter werden durch den Oberhof Einern verwaltet, der ein eigenes Hofgericht besaß, in dem Besitzverhältnisse und Besitzerwechsel angezeigt wurden. Nach Einern musste die Bauern gehen, die u.a. die Höfe Bracken, Schellenbeck und Mählersbeck bewohnten.

Der Märker konnte über diese Höfe verfügen, weil er als Territorialherr die Vogtrechte der Güter besaß, die geistliches Eigentum waren. Er vertrat die Klöster und Stifte vor weltlichen Gerichten und konnte dafür eine Abgabe fordern, die ihm direkt von den Höfen zugestellt wurde. Wie viel dabei u. a zusammen kam, lässt sich im märkischen Schatzbuch von 1486 nachlesen. Unter dem Namen Nächstebreck stehen insgesamt vierzehn Höfe, deren Namen man auch noch heute kennt. Der Liste ist etwa zu entnehmen, dass der höchste Steuerbetrag von zwei Gütern auf dem Nächstebrecker Berg abgeleistet wurde, die zusammen 14 Gulden zahlten. Zwei weitere Güter im Bracken waren mit 13 Gulden dabei und die Güter des ehemaligen alten Hofes Möddinghofe kamen zusammen noch auf 12 Gulden. Das Gut mit dem höchsten einzelnen Betrag war Ellinghausen, das acht Gulden bezahlen musste, dicht gefolgt vom Gut Hölken mit sieben Gulden. Am unteren Ende der Skala stehen die Höfe zu Haarhausen mit jeweils einem halben Gulden, der Hof Junckersbeck mit einem Gulden, ein Gut in der Schellenbeck, das drei Gulden an Steuern bezahlen musste und das Gut Busch mit zwei Gulden. Das Gut Bruch, das letzte Gut der Liste, liegt mit 6 1/2 Gulden weit vorne.

Aber diese Vermögenszählung in der Grafschaft Mark war nicht nur eine Steuerliste, sondern auch eine Auflistung vieler märkischen Gemeinden und Bauerschaften im Gogericht Schwelm. Zu diesem Gogericht gehörten im 15. Jahrhundert drei Gemeinden, deren Grenzen im Nordosten von Nächstebreck zusammen stießen. Die Bauerschaften Haßlinghausen, Linderhausen und Nächstebreck trafen sich etwa dort, wo heute der Bereich Drei Grenzen liegt. Das Gebiet war wegen des schlecht zu bewirtschafteten Bodens nicht besiedelt, so dass hier keine Höfe standen. Durch einen wohl schon seit der Antike benutzten Verkehrsweg, der etwa dem heutigen Verlauf der Autobahn A46 entspricht, war das Gebiet dennoch erschlossen, so dass hier fahrende Händler und Spielleute die drei Bauerschaften erreichen konnten.

III. Fazit

Der grobe Überblick über die verschiedenen spätmittelalterlichen Ämter, die sich auf dem Gebiet der heutigen Stadt Wuppertal befanden, hat gezeigt, wie unübersichtlich und vielgestaltig die Herrschaftsstrukturen im Spätmittelalter waren. Trotz der im Vergleich zu früheren Zeiten recht guten Überlieferung, lässt sich in vielen Fällen kaum erklären, wie die Herrschaftsverhältnisse entstanden oder wechselten. Der Blick auf die einzelnen Orte und Höfe zeigt ein feingliedriges und äußerst ambivalentes Bild spätmittelalterlicher Herrschaft, das bei allen Verwicklungen doch ein Verständnis für das Leben der damaligen Bewohner des Wupperthals eröffnet.

Literatur:

Böhmer, Emil: Beiträge zur Geschichte der von der Recke-Volmesteiner Lehngüter, in: Langerfeld im Wandel der Jahrhunderte, Hefte 6 und 7, Wuppertal 1960 u 1961.

Brendler, Albrecht: Auf dem Weg zum Territorium. Verwaltungsgefüge und Amtsträger der Grafschaft Berg 1225 bis 1380, Bonn 2015.

Dabringhausen, Gerhard: Heckinghausen. 1300 Jahre an der Grenze zwischen Rheinland und Westfalen, Wuppertal 2012.

de Bruyn-Ouboter, Hans-Joachim: 1200 Jahre Barmen. Die Stadtgeschichte, Wuppertal, 2008.

Dinnebier, Antonia: Grüne Meile Lüntenbeck, Wuppertal 2011.

Eckardt, Uwe: Die Geschichte der Burg Elberfeld. Zwischen romantisierter Vorstellung und rekonstruierter Wirklichkeit, in: Döppersberg Journal 03/2015.

Engels, Sylvia/Eberlein, Hermann-Peter (Hg.): Die tausendjährige Geschichte der Alten reformierten Kirche. Prisma der Stadt- und Kirchengeschichte Elberfelds, Kamen 2009.

Engels, Wilhelm: Die Elberfelder Landwehr, in: Mitteilungen des BGV, Wuppertal 1932.

Frisch, Margarete: Die Grafschaft Mark, Münster 1937.

Goebel, Klaus: Vom Mehrenberg zum Ehrenberg. Ein Streifzug durch

Flur- und Siedlungsnamen, in: Langerfeld im Wandel der Jahrhunderte, Hefte 7, Wuppertal 1961.
Helbeck, Gerd: Beyenburg. Geschichte eines Ortes an der bergisch-märkischen Grenze und seines Umlands, Bd.1, Schwelm 2007
Helbeck, Gerd: Die mittelalterlichen Siedlungen im Bereich des Gogerichts Schwelm und ihre erste Erwähnung in den Schriftquellen, in: Der Märker 3/1972.
Helbeck, Gerd: Mittelalterliche Besitzgeschichte und Siedlungsentwicklung im Gogericht Schwelm, in : Der Märker 4/192
Helbeck, Gerd: Nächstebreck, Wuppertal 1984.
Helbeck, Gerd: Schwelm. Geschichte einer Stadt und ihres Umlandes. Bd.1, Schwelm 1995.
Janssen, Wilhelm: Das Bergische Land im Mittelalter, in: Gorißen, Stefan/Sassin, Horst/Wesoly, Kurt (Hg.): Geschichte des Bergischen Landes. Bis zum Ende des alten Herzogtums 1806, Bielefeld 2014.
Klugkist Hesse, Hermann: Elberfeld und seine Kirche im Mittelalter und im Dreißigjährigen Krieg, Kamen 2013.
Konrad, Günter: Ronsdorf in Vergangenheit und Gegenwart. Bd.1. Daten, Fakten und Bilder der früheren Stadt Ronsdorf und des heutigen Stadtteils von Wuppertal, Wuppertal 2015.
Quandt, Siegfried: Sozialgeschichte der Stadt Langenberg und der Landgemeinde Hardenberg-Neviges unter besonderer Berücksichtigung der Periode 1850 bis 1914, Neustadt an der Aisch 1971.
Metschies, Michael: Adelssitze, Burgen, Feste Häuser im Wuppertal, Wuppertal 1975.
Müller, Rolf: Dönberg, eine Kirchengemeinde am Rande, Wuppertal 1990.
Polenz, Harald: Von Grafen, Bischöfen und feigen Morden. Ein spannender Führer durch 22 Burgen und Herrenhäuser im Ruhrtal, Essen 2005.
Schäfer, Andreas/Johenneken, Udo (Hg.): Geschichte der Stadt Vohwinkel von Schulrat Ziegler, Wuppertal 2016.
Schnickmann, Heiko: Vom sächsischen Hof zur Textilhochburg. Eine Geschichte Wichlinghausens, Remscheid 2015.
Speer, Florian: Anmerkungen zur evangelischen Kirche in Schöller, Wuppertal 1993.
Weigel, Andreas (Hrsg.): 950 Jahre Cronenberg. 400 Jahre Sensen-Privileg, Wuppertal 2000.

Die Reformation im Barmer Nordosten

I. Reformation(en)

Als im Jahre 2017 in ganz Deutschland die Reformation gefeiert wurde, wurde lediglich deren Beginn gefeiert. Aber auch das stimmt nur bedingt, denn schon im Mittelalter gab es immer wieder kirchliche Reformbewegungen. Im Prinzip waren die gesamten 1000 Jahre des Mittelalters immer wieder durch Bestrebungen zu Kirchenreformen geprägt. So ist es nicht vermessen zu sagen, dass Reform essentieller Bestandteil der Kirche und ihrer Geschichte war – und ist.

Der 1517 begangenen Thesenanschlag Martin Luthers fügt sich so gesehen eigentlich perfekt ein in dieses ständige Bemühen um Reformation, die sich das gesamte Mittelalter und auch bei vielen kirchlichen Neugründungen der heutigen Zeit auf die banale Formel „What would Jesus do?" also „Was würde Jesus tun?" herunterbrechen lässt. Es ist in vielen Fällen oftmals so, dass der Wunsch zu den Anfängen zurückzukehren, eine neue Bewegung begründet – was auch im Wort *Reform* selber klar zum Ausdruck kommt, das sich eben darauf bezieht, etwas wieder in seine Vorform zu verwandeln.

Das Besondere an Luthers Lehre aber ist, dass sie sich nicht nur erhalten hat, dies haben viele Reformbewegungen des Mittelalters bis heute, etwa die zahlreichen Mönchsorden, sondern auch, dass aus ihr eine neue Kirche geworden ist. Auch solche gab es im Mittelalter schon, doch alle sind untergegangen oder wurden zerstört.

Grund für die Beständigkeit von Luthers Lehre war nicht nur eine glaubhafte und logische Argumentation, nicht nur ein generelles Unwohlsein mit dem Status quo der katholischen Kirche, sondern auch eine politische Gemengelage, die Religion als Mittel nutzen konnte. Dass darüber hinaus der technische Fortschritt in Form des Buchdrucks eine besondere Rolle spielte, versteht sich außerdem.

So wurde die Reformation zu einer Revolution, in der sich Glaube, Politik, Technik, Philosophie und Alltagswelt der Menschen radikal änderten – und dennoch vollzog sie sich gemessen an dem, was man heute als schnell bezeichnet, nur allmählich und langsam.

II. Kirchliches Leben um 1500 im Barmer Nordosten

Deutlich wird das, wenn man sich mit der Geschichte der Reformation im Barmer Nordosten beschäftigt. Wie stellte sich diese Region vor 500 Jahren da? Finden sich die Spuren dieser von Wittenberg ausgehenden Revolution in Wichlinghausen, Nächstebreck und Langerfeld?

Betrachten wir zunächst einmal die politische Lage. Seit dem Spätmittelalter, etwa seit dem Ende des 14. und dem Beginn des 15. Jahrhunderts können wir für die Ortschaft Barmen feststellen, dass sie geteilt ist. Seit der Herzog von Berg gegen den Grafen von der Mark irgendwann in den 1390er Jahren verlor, wollte dieser Barmen von ihm haben und bekam es auch. Als Argument dafür, warum ihm Barmen zustehe, konnte sich der Graf von der Mark auf eine Verkaufsurkunde aus dem Jahr 1384 verlassen. In dieser erwarb er den Hofesverband Wichlinghausen, zu dem zahlreiche Höfe in Heckinghausen und auch in Unterbarmen gehörten. Der Herzog von Berg hatte seit dem Ende des 13. Jahrhunderts zwar Barmen zu seinem Eigentum gemacht, diese zum Hofesverband Wichlinghausen gehörenden Höfe aber, waren zum damaligen Zeitpunkt seit ein paar Jahren in der Hand des Märkers. Auf diesen Hofesverband stützte sich der Graf, als er Barmen für sich beanspruchte und der Herzog es ihm als Pfand für seine Freiheit überlassen musste, nicht ohne immer wieder darauf zu hoffen, es irgendwann in seinen Besitz zu bekommen. Dabei war dem Herzog jedes Mittel recht. Neben dem Einlösen des Pfandes ging er wohl auch militärisch vor. 20 Jahre nach dem Pfandvertrag musste dieser erneuert werden. Das ist immer ein sichere Zeichen, dafür, dass der Herzog gegen diesen Vertrag verstoßen hatte. Wohl hatte er auch militärisches Oberwasser, denn was Barmen genau war, konnte er in diesem späteren Vertrag neu definieren. War der Märker noch davon ausgegangen, dass ihm Barmen in den Grenzen gehörte, die er für richtig hielt und dabei handelte es sich klar um die Grenzen der Freigrafschaft Volmarstein, die als Gerichtsbezirk für Schwelm und Hagen zuständig war und deren Grenzen bis zum Mirker Bach in Elberfeld reichten, so konnte der Herzog in den Jahren vor 1420 die Grenze anders bestimmen und setzte sie – trotz des Hofes an der Hardt, der zum Hofesverband Wichlinghausen gehörte – an der Kirchspielgrenze fest.

Diese war seit dem Erstarken des Kirchspiels Elberfeld weiter nach Osten verschoben worden und verlief entlang des Leimbach, in dessen Nähe dann auch die neue Barmer Landwehr errichtet wurde, was die Elberfelder Landwehr, die nur ein paar Jahre jünger war, überflüssig machte.

Barmen wurde so in zwei Teile geteilt, in eine „aver Barmen“ wie es in einer märkischen Akte aus dem 14. Jahrhundert heißt und ein Niederbarmen, wie man es in einem Dokument des 15. Jahrhunderts finden kann. Ober- und Unterbarmen sind Bezeichnungen, die sich aus diesem Konflikt zwischen Mark und Berg ergeben haben – und die unmittelbar mit der Reformation im Barmer Osten zu tun haben.

Zwar mögen im Spätmittelalter die Territorialgrenzen hart erkämpft worden sein, damit war aber keinesfalls auch klar belegt, welcher Untertan jetzt welchem Herrscher zugeordnet werden konnte. Denn der Hofesverband Wichlinghausen gehörte weiterhin dem Märker, andere Barmer Höfe aber, gehörten klar dem

Berger, egal ob sie nun östlich oder westlich der Landwehr standen. Soll heißen, eigentlich verlief die Grenze zwischen einzelnen Höfen. Der eine Nachbar war Untertan der Mark, der andere ein Berger.

Man merkt an dieser politischen Erzählung bereits: Die Sache ist vertrackt. Und sie wird noch vertrackter, wenn man die Kirchenpolitik dazu nimmt. Wenn eine Kirchspielgrenze nämlich zur politischen Grenze wird, dann bedeutet das auch etwas für die Gläubigen. Dann ist der Gang zur Kirche, die eigentlich seine ist, kein reiner Akt des Glaubens mehr, dann ist dieser Gang eine Entscheidung, zu welcher Gemeinschaft man sich zugehörig fühlt, welchem weltlichen Herrn man dient.

Für die Menschen im Barmer Osten gab es zwei Möglichkeiten. Offiziell gehörten sie nach Schwelm, aber das hinderte sie nicht daran, dennoch auch in Elberfeld zur Kirche zu gehen. Tatsächlich haben wir Hinweise darauf, dass einige Höfe im Barmer Nordosten sich zwischen diesen beiden Option entscheiden mussten.

Bevor wir uns diesen Hinweisen widmen, ist aber ein Blick auf die Ortschaften, um die es hier gehen soll von Interesse. Ein Blick auf das märkische Schatzbuch, das etwa 30 Jahre vor dem Beginn der Reformation entstand, kann helfen, einen Einblick in das Leben der Nächstebrecker um das Jahr 1500 herum zu bekommen. Anders als für Wichlinghausen, spielt die beschriebene Grenzproblematik für Nächstebreck keine Rolle, es gehörte Eindeutig zur Grafschaft Mark. Das zeigt sich an dem Dokument, auf dem der Name *Nächstebreck* das erste Mal 1486 auftaucht. Es handelt sich um eine Steuerliste. Der Name ist eine Überschrift, unter der insgesamt vierzehn Höfe stehen, deren Namen man auch noch heute kennt. Der Liste ist etwa zu entnehmen, dass der höchste Steuerbetrag von zwei Gütern auf dem Nächstebrecker Berg abgegeben wurde, die zusammen 14 Gulden zahlten. Zwei weitere Güter im Bracken waren mit 13 Gulden dabei und die Güter des ehemaligen alten Hofes Möddinghofe kamen zusammen noch auf 12 Gulden. Das Gut mit dem höchsten einzeln Betrag war Ellinghausen, das acht Gulden bezahlen musste, dicht gefolgt vom Gut Hölken mit sieben Gulden. Am unteren Ende der Skala stehen die Höfe zu Haarhausen mit jeweils einem halben Gulden, der Hof Junckersbeck mit einem Gulden, ein Gut in der Schellenbeck, das drei Gulden an Steuern bezahlen musste und das Gut Busch mit zwei Gulden. Das Gut Bruch, das letzte Gut der Liste, liegt mit 6 1/2 Gulden weit vorne.

20 Jahre vor dieser Steuerliste wurde bereits in Wichlinghausen (und im Rest von Barmen) auch eine Steuerliste erstellt. Es handelt sich um eine Abgabenliste, die als Beyenburger Amtsrechung bekannt ist. Die Bezeichnung leitet sich vom Amt Beyenburg ab, das eines von vielen kleinen Verwaltungseinheiten im Herzogtum Berg darstellt. Diesem Amt zugehörig war auch Barmen, dessen Höfe ihre Abgaben über den dortigen Amtmann begleichen mussten.

Auch die Höfe dort zeigen ein breites Spektrum an Abgaben. Das Gut im Bereich des nördlichen Oberbarmens mit der höchsten Abgabe von über sechs Mark (im Bergischen galt die Mark als Währung, im Märkischen der Gulden) sind die drei Güter in der Leimbach. Auch am Wichlinghauser Markt selber kommen die vier Güter zusammen auf etwa diese Summe. Andere Höfe, etwa das Klingelholl, zahlen wesentlich weniger und zum Teil in Naturalien.

Was sagen uns diese Abgaben? Das Einkommen der Höfe war unterschiedlich hoch. Als diese Abgaben festgesetzt wurden, besaßen die Nächstebrecker Güter Möddinghofe und Bracken sowie die Höfe am Wichlinghauser Markt und an der Leimbach ein recht hohes Einkommen. Im Fall von Nächstebreck kann man davon ausgehen, dass dieses Einkommen aus der Landwirtschaft stammte. Bereits ab dem 12. Jahrhundert ist hier Viehwirtschaft überliefert, die aus Rindern, Schafen und Schweinen bestand. In Wichlinghausen hingegen war man aufgrund der eher schlechten Bodenverhältnisse von einer einträglichen Landwirtschaft abgekommen und versuchte sein Glück mit der Herstellung von Zwirn, Bändern und vor allem dem Bleichen.

Darin waren die Wichlinghauser sehr erfolgreich. Denn sie hatten nicht nur Geld für die Steuern und Abgaben, sie hatten auch noch Geld für kirchliche Zwecke über. Das 15. Jahrhundert ist in Wichlinghausen bestimmt durch Stiftungen an verschiedene Altäre in Kirchen. So zeigt eine Stiftung an die Elberfelder Laurentiuskirche im Jahre 1482 von zwei Wichlinghauser Höfen, nämlich einem Hof Wichlinghausen und einem Hof Dickten an der Nordgrenze, bei der Hafer und Geld zum Geschenk gemacht wurden, deutlich eine kirchliche Bindung nach Westen. Diese Geschenke gingen jedoch nicht an die Kirche selber, sondern wurden dem Antoniusaltar in der Kirche gestiftet. Damit stellte man sicher, dass der dort am Altar arbeitende Vikar für die Schenkenden oder für deren bereits verstorbenen Verwandten betete, so dass diesen die Zeit im Fegefeuer nicht allzu lang werden sollte. 1503 wurde dem in der Laurentiuskirche stehenden Altar der Jungfrau Maria aus einem Hof in der Leimbach die Abgabe von 20 Malter Hafer in jedem Jahr gestiftet.

Diese Stiftungen belegen erneut, wie flexibel die Grenzziehung im Mittelalter war und sie zeigen auf, dass diejenigen, die an der Grenze wohnten, sich die Kirche, der sie zugehörig waren, frei wählten. Der so genannte Parochialzwang, der dafür sorgte, dass bestimmte kirchliche Handlungen nur vom zugewiesenen Pfarrer ausgeführt werden konnten – im Falle Wichlinghausens also vom Schwelmer Pfarrer – scheint im späten Mittelalter nicht sehr ausgeprägt gewesen zu sein. Das darf natürlich nicht verwundern, wenn man bedenkt, dass auch die Höfe selber verschiedenen Gerichten unterstanden. Wer sich als Teil des bergischen Bereichs fühlte, wird sicher nicht dem Schwelmer Altar gestiftet haben, wer sich als Teil des märkischen Einflussbereichs sah, stiftete nicht nach Elberfeld.

Daher sind für dieselbe Zeit auch Stiftungen nach Schwelm belegt. Die wichtigste, weil umfassendste Stiftung ist sicherlich diejenige von Peter Heckinghausen. Der Hof Heckinghausen war Teil der märkischen Höfe, die vom Gericht in Wichlinghausen verwaltet wurden. Es ist eine Überraschung, dass Peter Heckinghausen auch einen Hof am Westkotten besaß, den er 1482 der Schwelmer Kirche zusammen mit einem Gut in Jesinghausen und anderen Abgaben zur Verfügung stellte. Ganz uneigennützig war diese Stiftung jedoch nicht, denn Peter Heckinghausen war selber zum Vikar des Marienaltars berufen worden. Da die Vikare von den Einnahmen, die durch die Stiftung an den Altar herangetragen wurden, lebten, schaffte er es, seinen Lebensstil, der – bedenkt man die umfangreichen Güter, die er dem dem Altar stiftete – sehr großzügig gewesen sein muss, auch als Kleriker beizubehalten. Das Gut im Westkotten wurde wegen Peters Stiftung ab diesem Zeitpunkt Liebfrauengut genannt.

Andere Stiftungen sind zeitlich nicht genau belegbar, scheinen aber auch in die Zeit des 15. Jahrhunderts zu gehören. Dazu gehören Abgaben aus der Lehmbeck, aus Wichlinghausen, dem Westkotten und dem Riescheid. Vor allem die Situation am heutigen Wichlinghauser Markt, denn in dessen Umfeld müssen die einzelnen Stifter aus Wichlinghausen gelebt haben, sind dabei äußerst interessant, denn sie zeigen klar, dass die Menschen, die dort wohnten, sowohl an die Elberfelder Kirche als auch an die Kirche in Schwelm stifteten. Selbiges ist auch für die Grenzregion an der Landwehr festzuhalten. Während 1502 eine Stiftung aus der Leimbach an den Elberfelder Marienaltar geht, sind um den selben Zeitpunkt zwei Stiftungen aus der Lehmbeck und Riescheid nach Schwelm gegangen.

Die Schwelmer Kirche erhielt zudem von den Oberbarmer Gemeindegliedern einen Anbau, bei dem es sich um eine Kapelle zur Ehren der heiligen Anna gehandelt hat, die bis zu achtzig Personen Platz bieten konnte. An den dort befindlichen Altar wurden auch die oben genannten Stiftungen aus Wichlinghausen abgegeben. Dieses Verhalten zeigt klar, dass sich die Oberbarmer zwar als Teil des Kirchspiels Schwelm ansahen, sich aber doch von den Schwelmern selber durch eine eigene abschließbare Kapelle absonderten.

Dieses Stiftungsverhalten ist in sofern wichtig, weil es für das

Leben in Wichlinghausen einiges aussagt. Zum einen scheinen auch im späten Mittelalter die Wichlinghauser besonders fromm gewesen zu sein, zum anderen scheinen sie in der Lage gewesen zu sein, enorm viel Geld zu spenden, mit dem sie in Schwelm an der Kirche einen Anbau durchsetzen, finanzieren und bauen konnten. Das und die mit dieser Kapelle klar einhergehende Abgrenzung von der restlichen Schwelmer Gemeinde scheint ein Hinweis darauf zu sein, dass bereits im Spätmittelalter in Wichlinghausen Wohlstand vorhanden war, der sich aber nur zum geringen Teil aus Agrarwirtschaft speiste, vielmehr ist davon auszugehen, dass bereits zu diesem Zeitpunkt die Textilproduktion zu finanziellem Wohlstand führte, worauf Walther Dietz hinweist, wenn er den Beginn der Textilproduktion im Wupperthal eben in das Spätmittelalter legt.

III. Luthertum aus dem Osten

Die Reformation war, wie anfangs erwähnt, auch deshalb so erfolgreich, weil sie politisch genutzt wurde. Kirchenpolitik war in Europa zu einem Mittel geworden, Macht zu erlangen. So machte sich der König in England zum Oberhaupt seiner eigenen Kirche und ließ die Ländereien der Klöster an seine Gefolgsleute verteilen, in Deutschland und Frankreich wechselten die Fürsten im Laufe des 16. Jahrhunderts je nach politischer Großwetterlage zwischen den Konfessionen hin und her.

Seit dem Jahr 1521 waren die vorher verfeindeten Herzogtümer Kleve-Mark und Jülich-Berg in der Hand von Johann I. vereint. Herzog Johann beteiligte sich an dem Wechsel der Konfessionen nicht, so dass auch seine Untertanen zunächst bei der katholischen Konfession blieben. Die neuen Ideen des Calvinismus oder des Luthertums wurden im Herzogtum also nicht von oben eingeführt. Johann blieb katholisch, war aber kein erbitterter Gegner der neuen Ideen. Anders als der Kölner Erzbischof Hermann von Wied etwa unterschrieb Johann das Wormser Edikt von 1521 nicht, in dem die Lehre Luthers als Ketzerei verurteilt wurde.

Unter solchen Umständen war es möglich, dass die Reformation auch in das vereinigte Herzogtum vordrang. Für Barmen kommt zudem noch ein weiterer Punkt hinzu: Das Amt Beyenburg, zu dem Barmen gehörte, war seit dem Jahr 1505 an den Grafen Philipp II. von Waldeck-Eisenberg für die Summe von 8720 Gulden verpfändet worden. Damit wurde der Graf selber auch Amtmann von Beyenburg und spätestens Graf Franz, der zweite Sohn Phillips II., ließ sich dort auch nieder, wechselte aber wohl auch das ein oder andere Mal an den Dörner Hof nach Barmen. Der Nachfolger Philipps, sein Sohn gleichen Namens, trat 1525 zum Luthertum über und sorgte so dafür, dass die Reformation auch im Amt Beyenburg Fuß fassen konnte.

Ein weiteres Zeichen sind die Predigten Adolf Clarenbachs, der oftmals als Reformator des Bergischen bezeichnet wurde. Um 1495 wurde er zwischen Lennep und Lüttringhausen auf dem Buscher Hof geboren, ging 1511 nach Münster und studierte dann 1514 in Köln. Nach seinem Studium arbeitete er als Privatlehrer, bis er 1521 zum Lehrer für alte Sprachen und 1523 Konrektor der Münsteraner Schule St. Marien wurde. In dieser Zeit kam er mit der Lehre Luthers in Kontakt, deren Aussage er klar unterstrich. Da er in Folge dessen Münster verlassen musste, wechselte er nach Wesel und wurde auch dort Schulmeister, las nebenher aber in Privathäusern die Bibel im lutherischen Sinne. Der Herzog erfuhr von diesen Aktionen und forderte Clarenbach auf, Wesel zu verlassen. Nach kurzem Aufenthalt in Osnabrück kehrte er 1527 ins Bergische zurück und predigte dort die Reformation. Vor allem in Lennep und in Elberfeld fand er zahlreiche Zuhörer. Doch obwohl Graf Franz der Reformation zugeneigt war, blieben Bittschreiben Clarenbachs an ihn folgenlos. Nach der Festsetzung Clarenbachs 1528 in Köln wurde er im September 1529 dem Feuer übergeben. Elberfeld und Lennep sind als seine Wirkungsstätte belegt. Ein

Aufenthalt in Barmen ist aufgrund seines eher geduldeten Aufenthalts im Amt Beyenburg eher unwahrscheinlich, was einen direkten Einfluss Clarenbachs auf die Barmer Gläubigen ausschließt.

Hinzu kommt die Tatsache, dass im Jahre 1540 noch durch Wennemar von Wichlinghausen eine Stiftung an den katholischen Vikar in Schwelm durchgeführt wurde, die noch ganz im Geist der Stiftungen des 15. Jahrhunderts stand. Eine solche Stiftung zeigt deutlich, dass der reformatorische Gedanke in Wichlinghausen noch keine Früchte getragen hatte. Die Lehren Luthers und Calvins trafen erst nach der Mitte des 16. Jahrhunderts in Wichlinghausen ein.

Ohne staatliche Strukturen, die die Religion blitzartig änderten, vollzog sich die Reformation in Barmen langsam, dafür aber tiefgründig. Als Teil des Kirchspiels Schwelm wurde Oberbarmen von der Mark aus reformiert. Im Westen des Gebietes waren aber allerdings auch Elberfelder Einflüsse zu verzeichnen. Die Ideen Luthers jedoch kamen zweifelsohne von Osten, also von Schwelm aus nach Barmen. Sichere Erkenntnisse zum Fortschreiten der Reformation in Schwelm sind nicht vorhanden, lediglich einzelne Hinweise gibt es, wann in etwa die Ideen des Luthertums dort Fuß fassten. Vor allem vier Faktoren des Bekenntnisses nach Luther sind Grundlage für diese Hinweise. Erstens muss die Abschaffung der Heiligenverehrung begutachtet werden, zweitens muss man nach Berichten schauen, aus denen klar hervorgeht, dass auch Laien am Abendmahl teilnehmen durften, drittens muss die Verwendung der deutschen Sprache im kirchlichen Kontext Betrachtung finden und als viertes und wohl deutlichstes Zeichen muss die Ehe des Pfarrers in den Fokus rücken.

Letztere lässt sich in Schwelm frühesten um das Jahr 1580 belegen. Es gibt Hinweise darauf, dass Pfarrer Johannes Roleving verheiratet war und generell dem Luthertum zuneigte. Ein sicherer Beleg für einen verheirateten Pfarrer findet sich jedoch erst mit dem 1595 verstorbenen Hildebrand Linderhaus, der von seinen Erben als ihr Vater bezeichnet wurde.

Während der Amtszeit von Pfarrer Reinoldus Haecke, der das Amt von 1549 bis 1566 bekleidete, ist das Singen von deutschsprachigen Liedern im Gottesdienst belegt. Aus der selben Zeit finden sich Verträge, auf denen deutschsprachige Bibelverse aufgeschrieben wurden. Im Mittelalter war dies eine gängige Praxis, um das Fälschen von Verträgen zu vermeiden. Die Verträge wurden auf einem Stück Pergament doppelt ausgefertigt und zerschnitten. Auf der Schnittstelle wurde vorher ein solcher Spruch aufgeschrieben.

Für das Jahr 1586 ist zumindest ein Nächstebrecker Kirchmeister, Rötger im Hölken, in Schwelm belegt. Sein Name taucht in einem solchen durch einen Bibelvers gesicherten Dokument auf, in dem ein Kirchengut in der Schellenbeck verpachtet wird. Der deutsche Bibelvers ist ein sicheres Zeichen für das Vordringen der lutherischen Lehre, die der Nächstebrecker Kirchmeister hier klar befürwortete.

Das Benutzen deutscher Sprüche auf diesen Urkunden zeugt davon, dass in der Bevölkerung wenn nicht die Lehre Luthers, dann doch zumindest die deutschsprachige Bibelübersetzung Anklang gefunden hatte. Der von kirchlicher Seite gegen Pfarrer Linderhaus erhobene Vorwurf, er habe die falsche und damit lutherische Lehre im Volk nicht nur nicht bekämpft, sondern aktiv befördert, zeigt, dass in Schwelm der Wunsch der Gemeinde ausschlaggebend war.

Da die Oberbarmer Gemeindeglieder im 15. Jahrhundert in Schwelm eine besondere und einflussreiche Rolle gespielt haben müssen, ist davon auszugehen, dass sie auch bei der Reformation keine geringe Rolle spielten. Die Tatsache, dass in Barmen spätestens seit 1539 durch die Waldecker Grafen aktiv die Reformation gefördert wurde, mag auch im Kirchspiel Schwelm den ein oder anderen Impuls gesetzt haben.

Im Jahr 1595 wurde in Schwelm schriftlich festgehalten, dass es höchstens noch ein oder zwei Menschen gebe, die der katholischen Lehre anhingen. Zum Gehalt dieser Aussage soll später, etwas beigesteuert werden. Der Rest der Gemeinde war zur Lehre

Kloster Beyenburg (Sammlung Fabienne André)

Luthers übergetreten. Der Versuch des katholischen Landesherren nach dem Tod Linderhauses einen katholischen Pfarrer aus dem Kloster Beyenburg einzusetzen, scheiterte am Widerstand der Gemeindeglieder, die sich für einen klar lutherisch ausgerichteten Kaplan namens Steinweg einsetzten. Es ist daher davon auszugehen, dass auch in Oberbarmen die überwiegende Mehrheit der Bevölkerung dem Luthertum zuneigte.

Diesen Entwicklungen griffen auch in Langerfeld. Trotz der relativen Entfernung zur Schwelmer Kirche, war zumindest ein Hof personell mit der Kirche verbunden. Das aus der Stiftung Peter Heckinghausens stammende Gut bei Jesinghausen hatte wohl laut Pachtvertrag auch den Küster der Schwelmer Kirche zu stellen, so dass man in Langerfeld auch außerhalb des Gottesdienstes über die Ereignisse bestens informiert war.

Dass auch die Langerfelder selber recht schnell zur lutherischen Konfession wechselten, merkt man an einem Prozess, dem im Jahre 1564 zahlreiche Langerfelder in Schwelm unter Vorsitz von Pfarrer Linderhaus beiwohnten. Behandelt wurde ein Erbstreit unter den Mehrenberger Markenerben, denen ein Pächter übel mitgespielt hatte. Ganz sicher hätte man sich nicht an den Pfarrer gewendet, wäre man seiner konfessionellen Einstellung gegenüber skeptisch gewesen. Entschieden aber wurde der Streit jedoch nicht in der Schwelmer Kirche, sondern im Kloster Beyenburg, was ein Hinweis auf den katholischen Landesherren sein mag, der einen solchen Erbstreit nicht durch einen lutherischen oder zumindest mit der Lehre Luthers sympathisierenden Pfarrer entscheiden lassen wollte.

Die Sympathien für eine protestantische Glaubensbewegung hat jedoch nicht nur mit dem Erfolg der Lehre im Kirchspiel Schwelm zu tun, sondern auch mit den zahlreichen durch die Einrichtung der Garnnahrung in Barmen und Elberfeld bestehenden Handelskontakte nach Antwerpen. Diese Überlegung geht auf Karl Wilhelm Bouterwek zurück, der sie schon 1867 aufstellte. Eberlein weist daraufhin, dass diese Überlegung Spekulation bleiben muss, da eine Beweisführung nicht möglich ist. Wie aber kommt Bouterwek auf diese Vermutung?

In Antwerpen hatten sich sächsische Augustiner niedergelassen. Diesem Orden gehörte auch Martin Luther an. Die Augustiner übernahmen dessen Lehre und predigten diese in ihren Wirkungsstätten – also auch in Antwerpen. Der Prior des Klosters in Antwerpen wurde wegen seiner reformatorischen Bestrebungen verfolgt und verbüßte eine Gefängnisstrafe.

Für das Jahr 1540 sind in den Notariatsprotokollen aus Antwerpen zwanzig aus Elberfeld stammende Männer belegt, die als Händler in der flämischen Metropole tätig waren. Elberfeld als Ortschaft mit Burg und Freiheit war gegenüber Barmen der bekanntere Name, so dass viele dieser Elberfelder sicherlich auch aus Barmen stammten. Als Wichlinghauser kann mindestens der dort aufgeführte Wimbert Clinghelhout bezeichnet werden. Es ist nicht auszuschließen, dass er in Antwerpen von den Ideen Luthers gehört hat, ob er sie jedoch übernahm und zu Hause verbreitete, ist eine ganz andere Sache. Immerhin war Wimbert als Kaufmann in Antwerpen, nicht als Missionar. Falls er davon gehört haben sollte, dann ist es möglich, dass er, als die Reformation nach Barmen kam, mit seinen Erfahrungen aus Antwerpen zum Fürsprecher der Bewegung wurde. Anderseits ist es auch möglich, dass er als Kaufmann sich eher für Ruhe und Sicherheit in den alltäglichen Belangen des Lebens einsetzte, um sein Unternehmen nicht zu gefährden, was eine aktive Beteiligung an der Verbreitung der Lehre ausschließen würde.

Festzuhalten bleibt jedoch, dass Barmen ganz sicher durch das Kirchspiel Schwelm die Ideen der lutherischen Reformation aufgenommen hat. Daneben ist vor allem der Kontakt zu den Grafen von Waldeck als Faktor zu bezeichnen, die ab Mitte des 16. Jahrhunderts als lutherisch gelten können, da die von ihnen eingeführte Hessische Kirchenordnung auf der Lehre Luthers beruhte. Die Bedeutung des Wichlinghauser Händlers Wimbert hingegen ist eher untergeordnet, kann aber nicht ausgeschlossen werden.

IV. Reformierte aus dem Westen

Allerdings gibt es zahlreiche Hinweise darauf, dass auch der Einfluss der reformierten Bewegung des Jean Calvin im Tal der Wupper bereits im 16. Jahrhundert angekommen war und den Bereich Oberbarmen beeinflusste. Verbunden ist diese calvinistische Bewegung mit dem Elberfelder Pfarrer Peter Lo, der ab 1552 als Kaplan in Elberfeld tätig war und der 1566 den Galaterbrief auslegte, wobei er sich auf den Heidelberger Katechismus, das Lehrwerk zur Unterweisung in calvinistischer Konfession, bezog. Nach dem Tode Los bekleidete Johann Volmar dessen Amt. Dieser war Teilnehmer der Synode von Neviges im Jahre 1589, auf der der Heidelberger Katechismus als Leitfaden für Predigt und Unterricht beschlossen wurde. Spätestens mit Volmar ist also von einer starken calvinistischen Bewegung in Elberfeld und damit in Unterbarmen auszugehen.

Sonderland berichtet davon, dass in den 1580er Jahren eine Mehrzahl der Oberbarmer Bevölkerung die Konfession wechseln wollte. Dieser Wunsch wird ersichtlich durch eine Bitte dieser Fraktion, die sie an die Gräfin Maria von Waldeck richteten. Diese möge dafür Sorge tragen, dass sie nun nicht mehr dem lutherischen Prediger in Schwelm Gehalt zahlen sollten, sondern dem Elberfelder Prediger Volmar. Obwohl die Gräfin dies nicht veranlassen konnte, da dieser Wunsch außerhalb ihres Rechtsbereich lag, zeigt der Fall, dass es in Oberbarmen starke Verbindungen nach Elberfeld gab, die sich darin ausdrückten, gemeinsam den dortigen Gottesdienst zu besuchen.

Diese Verbindungen werden auch der Grund gewesen sein, dass sich dieser Teil der Oberbarmer Bevölkerung von Schwelm lösen wollte. Nur in den wenigsten Fällen mag der Grund tatsächlich darin gelegen haben, vom Luthertum zum Calvinismus zu wechseln, da beide Konfessionen zu Beginn der Reformation noch nicht in ihren erst später festgesetzten strengeren Regeln wahrgenommen wurden. Akten aus späterer Zeit zeigen, dass es sich bei diesen Bürgern auch um diejenigen Familien handelt, die politisch, wirtschaftlich und auch sozial großen Einfluss auf Barmen hatten, etwa weil sie am Schöffengericht Barmens beteiligt waren bzw. zu den so genannten Meistbeerbten gehörten. Dabei handelte es sich um eine Gruppe von Menschen, die Haupterbe eines Hofes waren. Mit der Zeit veränderte der Begriff seine Bedeutung und wurde zu einer Bezeichnung für wohlhabende und reiche Menschen.

Die Wichlinghauser als Grenzgänger zwischen Berg und Mark mit eigenem Gericht hatten freilich mit diesen calvinistischen Barmer Bürgern wenig zu tun, so dass es zwar auch am Markt vereinzelte Calvinisten gab, sie aber nie eine Mehrheit bildeten. Ihnen nachzuspüren, bedeutet zunächst sich mit der Geschichte der Barmer Amtsschule vertraut zu machen, die im Jahr 1579 gegründet wurde und in etwa dort stand, wo heute der Alte Markt steht. Diese Schule war ab den 1580er Jahren vornehmlich durch Calvinisten geprägt, wenn sie wohl auch eine Gründung aller Barmer konfessionsübergreifend gewesen ist. Der Einfluss der Calvinisten auf die Schule im Jahrzehnt nach ihrer Gründung ist allerdings ein Hinweis darauf, dass auch bei der Gründung der Schule zahlreiche Calvinisten eine Rolle gespielt haben dürften. Zumal die Schule durch private Spenden finanziert wurde. Eine solche Spendenbereitschaft für die Schule war vor allem Sache der Meistbeerbten, die – wie oben erwähnt – zu den Calvinisten gehörten.

Die Liste derjenigen, die Geld für die Schule zur Verfügung stellten, ist überliefert. Unter ihnen findet man auch zahlreiche Wichlinghauser, bei denen man davon ausgehen kann, dass sie zu den Reformierten zählten. Dazu gehören Pelser zu Wichlinckhausen, Hammelchen in der Leimbach und sein Sohn Peter, Peter Scheffen in der Leimbach, Peter zu Wichlinckhausen, Kerstgen zu Westkaten, Evert zu Wichlinckhausen, Johann im Dall, Curt im Nickhorn und seine Frau, Peter zu Westkaten, Cueper zu Wichlinghausen, Johann Kuitz zu Wichlinckhausen, Halfmann in der Leimbach und schließlich das Klingelholl. Damit finden sich fünf Personen am Wichlinghauser Markt, die für die Schule spendeten, vier Leimbacher, drei Parteien vom Westkotten und Klingelholl und drei Parteien aus dem Bereich Hatzfeld (Nickhorn und Dahl).

Keine 100 Jahre später finden sich ähnliche Namen auf einer Absichtserklärung, den reformierten Pfarrer in Schwelm zu unterstützen. Mit Melchior und Peter Scherenberg zu Riescheid, Rüttger to Hoheradt und Rüttger vom Scheidt in der Leimbach, Peter Kemmena in der Leimbach, Rüttgers Siebels zu Wichelhausen, Johann Klingholt und seiner Frau, Johann Huppe zu Westkotten, der Hausfrau Jaspers auffem Dal, finden wir eine ganz ähnliche Verteilung.

Es ist daher klar ersichtlich, dass sich viele Wichlinghauser zum Calvinismus bekannten, obwohl Schwelm selber lutherisch geprägt war. Diese konkrete Herausbildung der beiden protestantischen Konfessionen aber war ein Ergebnis der Zeit nach 1580. Den überwiegenden Zeitraum des 16. Jahrhunderts über aber war diese Trennung nicht vorhanden.

V. Katholische Traditionalisten?

Ganz anders sah dies in Bezug auf die katholische Konfession aus. Wenn ab 1595 davon gesprochen werden kann, dass es im Kirchspiel Schwelm höchstens „auch geiner, got lob, in dieser gemain, es sei dann umb einen oder 2 zu thun, furhanden", die katholisch waren, so kann man aus dieser Zahl nicht schließen, dass es in Wichlinghausen solche nicht gab. Zum einen ist nicht klar, ob mit dem Wort *gemain* Schwelm selber oder das Kirchspiel gemeint ist, zum anderen zeigt die Zahlenangabe klar, dass es sich um eine Schätzung bzw. Vermutung handelt, die lediglich klar machen soll, dass es wenig Katholiken in Schwelm gab.

Tatsächlich ist es aber gar nicht unwahrscheinlich, dass man im Bereich Wichlinghausen und Oberbarmen noch lange Zeit katholisch blieb. Ob etwa der genannte Wennemar, der 1540 eine Schenkung an den katholischen Vikar unternahm, lutherisch oder gar calvinistisch wurde, ist unklar, denn er wird sich von der Schenkung doch das ein oder andere Seelenheil versprochen haben, das ihm nur nach katholischer Lehre zustand, nicht aber nach lutherischer oder calvinistischer. Auch die Tatsache, dass bereits seit dem 15. Jahrhundert die katholische Lehre im Herzogtum Jülich-Berg und nach der Verbindung mit Kleve-Mark auch im gesamten Vereinigten Herzogtum im Prozess der Reform begriffen war, spricht nicht unbedingt für eine tiefe innige Sehnsucht aller Gläubigen nach neuer protestantischer Lehre.

Gleichwohl sind die Spuren der katholischen Gläubigen im Bereich Barmen kaum auszumachen, wenn auch der Ort Beyenburg selber bedingt durch den starken Einfluss des Kreuzherrenklosters katholisch blieb. Erst mit der durch die von den Jesuiten eingeleitete Missio Montensis ab 1682 kommen wieder Hinweise katholischer Glaubenslehre in Barmen auf, wo sie sich in einem Privathaus, das entweder an der Schuchardstraße stand oder mit dem Dörner Hof identisch ist, den der katholische Landesherr für diesen Zweck dann zur Verfügung hätte stellen müssen, trafen. Die Zahl der Gemeindeglieder in Barmen blieb aber dennoch recht klein. 1708 waren es ganze sieben Katholiken. Die Zahl stieg erst ab Mitte des 18. Jahrhunderts auf 350. Das zeigt, dass es in Barmen nur wenige katholische Gläubige gab. Für Wichlinghausen lassen sich keine nachweisen. Erst mit der Industrialisierung im 18. und 19. Jahrhundert finden sie sich wieder in Wichlinghausen ein.

VI. Fazit

Wie lässt sich die Reformation im Barmer Nordosten also beschreiben? Zum einen ist eine Sache auffällig: Das Fehlen machtpolitischer Ansprüche im Vereinigten Herzogtum machte es möglich, dass die Reformation von unten begann und damit eher in den Herzen und Köpfen der Menschen ankam als in den Regionen, wo von oben der neue Glaube aufgezwungen wurde. Dieser Prozess benötigte aber auch seine Zeit, so dass erst gegen Ende des 16. Jahrhunderts faktische Nachweise einer gelungenen Reformation vorhanden sind. Nach allem, was wir in den Quellen finden können, verlief die Entwicklung dann aber rasant.

Das Fehlen dieser politischen Ansprüche in Bezug auf die Religion zeigt sich auch in der Verbreitung der beiden protestantischen Konfessionen, die sich in Barmen ausbreiteten. Während für Gesamtbarmen der Einfluss der Lutheraner relativ gering blieb, waren sie es, die den Osten des Gebiets prägten. Auch bei der Reformation blieb sich Barmen damit seiner Tradition als Grenzgebiet treu.

Literatur:

Voigt, Günther (Hg.): Langerfeld im Wandel der Jahrhunderte, Wuppertal 1955 bis 1967.

Dabringhausen, Gerhard: Heckinghausen. 1300 Jahre an der Grenze zwischen Rheinland und Westfalen, Wuppertal 2012.

de Bruyn-Ouboter, Hans-Joachim: 1200 Jahre Barmen. Die Stadtgeschichte, Wuppertal, 2008.

Eberlein, Hermann-Peter: Peter Lo, der Reformator Elberfelds, in: Federschmidt, Karl (Hg.): „Ein Schritt zu mehr Freiheit" Veranstaltungen zum 450-jährigen Reformationsjubiläum in Elberfeld, Wuppertal 2002.

Engels, Sylvia/Eberlein, Hermann-Peter (Hg.): Die tausendjährige Geschichte der Alten reformierten Kirche. Prisma der Stadt- und Kirchengeschichte Elberfelds, Kamen 2009.

Helbeck, Gerd: Beyenburg. Geschichte eines Ortes an der bergisch-märkischen Grenze und seines Umlands, Bd.1, Schwelm 2007

Helbeck, Gerd: Nächstebreck, Wuppertal 1984.

Helbeck, Gerd: Schwelm. Geschichte einer Stadt und ihres Umlandes. Bd.1, Schwelm 1995.

Hermle, Siegfried: Adolf Clarenbach (ca. 1495-1529). Märtyrer „umb Christi willen", in: Evangelisch am Rhein. Werden und Wesen einer Landeskirche, Düsseldorf 2007.

Klugkist Hesse, Hermann: Elberfeld und seine Kirche im Mittelalter und im Dreißigjährigen Krieg, Kamen 2013.

Mühling, Andreas: Hermann von Wied, Erzbischof und Kurfürst von Köln (1477-1552), in: Evangelisch am Rhein. Werden und Wesen einer Landeskirche, Düsseldorf 2007.

Schnickmann, Heiko: Vom sächsischen Hof zur Textilhochburg. Eine Geschichte Wichlinghausens, Remscheid 2015.

Sonderland, Vincent Paul: Die Geschichte von Barmen im Wupperthale, Elberfeld 1821.

Werth, Adolf:und Lauffs, Adolf: Geschichte der Evang.-Reformierten Gemeinde Barmen-Gemarke, Barmen 1927.

Von Garnhändlern und Garnschmucklern – Oberbarmer Wirtschaftsgeschichte in der Frühen Neuzeit

I. Oberbarmen? Was ist das?

Sich mit der frühneuzeitlichen Wirtschaftsgeschichte des Wupperthals auseinanderzusetzen, ist etwas, was eher selten passiert. Zu sehr prägen Industrialisierung und Moderne Stadtbild und Denken nicht nur des Wupperthals. Dieser Umstand kann nicht verwundern, denn war es doch der Historiker Reinhart Koselleck, der die sogenannte Sattelzeit ins Spiel brachte, eine Periode von etwa 100 Jahren zwischen 1750 und 1850, in der sich so viel im Denken und Handeln von Menschen verändert hat, dass es nach 1850 den Menschen unmöglich war, ohne Studium oder Übersetzung über Dinge zu sprechen, die vor 1750 real existent waren und die Gesellschaft prägten. In diesem Essay aber soll es genau um diese Zeit vor 1750 gehen, auch wenn wir einen kleinen Blick in die Zeit bis 1800 werfen werden.

Zunächst soll hier eine Begriffsbestimmung vorgenommen werden, in der es darum geht, den Begriff *Oberbarmen* zu deuten. Wer heute von Oberbarmen spricht, der bezeichnet meistens den Berliner Platz und dessen unmittelbares Umfeld etwa bis zur Färberei, Wupperfelder Markt oder gegebenenfalls noch bis zur Werther Brücke. Wer als Historiker sich mit einem solchen Begriff beschäftigt, der probiert natürlich herauszufinden, wann dieser Begriff das erste Mal auftaucht. Erste Spuren des Wortes Oberbarmen, damals noch als *avar barmen*, finden sich in Dokumenten des späten 14. Jahrhunderts aus der Grafschaft Mark. In Abgrenzung dazu findet sich etwa 60 Jahre später der Begriff *Nie-*

derbarmen, ebenfalls in den Unterlagen der Grafschaft Mark. Im Bergischen ist bis ins 15. Jahrhundert davon nicht die Rede. Eine Einteilung Barmens teilt den Ort, vom Sitz des Amtmanns in Beyenburg aus gesehen, in Barmen diesseits und Barmen jenseits der Wupper. Die Märkischen also waren es, die Barmen in Ober- und Unterbarmen unterschieden.

Wie es zu dieser Aufteilung kam, soll hier nur kurz beschrieben werden. In den 1390er Jahren stritten sich der Herzog von Berg und der Graf von der Mark um Barmen und das in durchaus militärischen Sinne. Dabei verlor der Herzog gegen den Grafen, und musste sich freikaufen, indem er Barmen verpfändete. Es war allerdings nicht klar, wie groß Barmen tatsächlich war, und so konnte der Graf von der Mark als Gewinner des Kampfes die

Die Wupper in Beyenburg (Sammlung Fabienne André)

Größe festlegen. Dabei stützte er sich auf die Grenzziehung eines alten Gerichtsbezirks, der Barmen bis an die Mirke, und somit direkt vor die Zinnen der Burg Elberfeld legte. 20 Jahre später hatte der Herzog wieder Oberwasser und konnte so erwirken, dass der Bezirk Barmen verkleinert wurde. Er legte die Grenze dort fest, wo die Grenze zwischen den beiden Kirchspielen von Elberfeld und Schwelm verlief. Auch für diese Grenze war ein Gewässer ausschlaggebend, und so wurde der Leimbach im Norden von Barmen zur Grenze zwischen Ober- und Unterbarmen, und die Straße Fischertal im Süden von Barmen.

Damit ist die Westgrenze von Oberbarmen schon einmal festgelegt, die zu Beginn des 15. Jahrhunderts entstand. Eine solche Geschichte gibt es für die Ostgrenze Oberbarmens nicht. Es finden sich lediglich Hinweise, die uns zeigen, dass hier eine Grenze gewesen sein muss. Einer dieser Hinweise ist die berühmte Beyenburger Amtsrechnung von 1467, aus der hervorgeht, welche Höfe in Barmen zum Bergischen Territorium gehört haben. Schaut man sich diese Liste an, wird schnell klar, dass Barmen an weiteren Gewässern endet. Bei diesen Gewässern handelt es sich zum einen um die Wupper, und dort, wo sie nicht fließt, um den Schellenbeck, den Beuler Bach und den Schwarzbach. Höfe, die sich jenseits dieser Gewässer befunden haben, werden in der Beyenburger Amtsrechnung nicht aufgeführt.

Die mittelalterliche Territorialpolitik machte eine moderne Grenzziehung, wie wir sie heute kennen, noch nicht komplett durchsetzbar. So gibt es auf märkischen Gelände durchaus Höfe, die zum Bergischen gehörten, und es gibt im Bergischen Territorium vereinzelte Hofesverbände die zum märkischen Bereich gehörten. Zu diesem märkischen Einflussbereich gehörte der Hofesverband Wichlinghausen. Dieser bestand neben zahlreichen Höfen im Bereich dieses Stadtteils auch aus Höfen, die sich im heutigen Heckinghausen befanden und ein weiterer Hof im Bereich der Barmer Hardt. Ein solches territoriales Durcheinander hatte natürlich auch Folgen für die mittelalterliche Gesellschaft und somit für den Handel innerhalb dieser Gesellschaft. So war für die mittelalterliche und frühneuzeitliche Wirtschaft die Grenzlage Barmens nach Schwelm besonders wichtig.

II. Die Bleicherei – Ursprünge in Oberbarmen

Ist nun der Raum bestimmt, um den es hier gehen soll, bleibt noch die Frage offen, was eigentlich mit Wirtschaft gemeint ist. Wer sich mit der Geschichte des Wupperthals auskennt, der wird natürlich sofort auf Textilien tippen. Dann folgen eventuell noch Eisenwaren, und zu guter Letzt wahrscheinlich noch Bier. Das vorliegende Essay behandelt ausschließlich Textilien und Bier, denn Eisenwaren waren vor allen Dingen in Cronenberg interessant, im Barmen hingegen finden sich dafür kaum Spuren.

Die Ursprünge der Textilwirtschaft in Barmen liegen im Dunkeln. Keiner weiß genau, wann man in Barmen damit angefangen hat, Textilien zu bleichen, denn um diese Art von Wirtschaft muss es anfänglich natürlich gehen. Klar ist aber, dass das Material, das Garn, das man zum Bleichen brauchte, seinen Ursprung nicht in Barmen hatte. Leinen wächst nicht in Barmen und auch nicht in Elberfeld. Allerdings weiß man, das nördlich von Barmen im Bereich Sprockhövel ein sehr grobes Leinen wuchs, das den Ursprung der Bleichindustrie im Wupperthal bilden könnte. Es ist durchaus vorstellbar, dass im Zuge mittelalterlicher Migrationsbewegung manche Bleicher aus Sprockhövel nach Barmen kamen, und hier entdeckten, dass sich das Wasser der Barmer Bäche und vor allen Dingen der Wupper hervorragend für ihr Gewerbe eignete.

Gestützt wird diese Annahme durch zwei Gründungssagen der Garnnahrung, die sich geographisch in den Barmer Nordosten verlegen lassen. Nach einer Erzählung aus dem frühen 19. Jahrhundert, war es ein Mann namens Göttert Wichelhaus, der die Garnbleicherei im Jahre 1450 in Barmen einführte. Am Nachnamen des Protagonisten erkennt man bereits dessen regionalen Bezug zum Barmer Nordosten und somit auch eine Verbindung in die Grenzregion von Sprockhövel. Die zweite Gründungssage stammt aus demselben Zeitraum. Sie besagt, dass der Leimbach früher als *Leinenbach* identifiziert wurde. Hierbei handelt es sich jedoch um eine falsche Etymologie, denn das Wort *Leimbach* leitet sich von einem lehmigen Bach ab, was auf die Farbe des Bachs zurückzuführen ist. Obwohl diese Etymologie falsch ist, zeigt sie doch sehr wohl, dass die Region um den Leimbach herum als Ursprungsort der Barmer Garnnahrung angesehen wurde. Vielleicht ist es nicht zu hoch gegriffen, wenn man demnach die Ursprünge des Wuppertaler Textilgewerbes in den Norden von Barmen verlegt.

So groß die Freude des Barmers und noch mehr des Oberbarmeners darüber sein sollte, dass die Gründungssagen Oberbarmen in den Fokus des Beginns der Garnbleicherei stellen, so sehr trübt sich diese Freude mit einem Blick in die Quellen. Aus diesen geht klar hervor, dass im 15. Jahrhundert bereits Elberfelder Bürger dafür bekannt waren, im näheren Umfeld des Wupperthals mit der Garnbleiche vertraut zu sein. Für das Jahr 1504 etwa ist der Bleicher Johann Stern in einer Kölner Chronik überliefert, noch etwas früher für das Jahr 1446 ist bekannt, dass ein Mann namens Hermann von Elberfeld in der Stadt Essen das Bleichereigewerbe beginnen wollte. So sehr diese Tatsache einen Barmer schmerzen muss, darf man aber nicht vergessen, dass Elberfeld im Gegensatz zu Barmen zu diesem Zeitpunkt als eigenständiges Kirchspiel und Sitz einer Burg bekannter gewesen sein durfte als Barmen. Dieser Umstand führte dazu, dass außerhalb des Wupperthals wahrscheinlich viele Menschen, die aus Barmen kamen, als Menschen bezeichnet wurden, die aus Elberfeld stammten. Betrachtet man die Quellen aus dieser Warte, besagen sie einzig und allein, dass bereits im 15. Jahrhundert das Bleichgewerbe im Wupperthal so berühmt gewesen sein muss, dass man in Essen und in Köln von seiner Qualität wusste. So verwundert es nicht, dass ernstzunehmende Schätzungen davon ausgehen, dass bereits im 13. Jahrhundert die Bleicherei in Wupperthal begonnen hat.

III. Äußere Umstände für den Erfolg des Bleichergewerbes

Der Grund dafür ist sowohl bedingt durch äußere politische Umstände, als auch durch Umstände, die ihren Ursprung im Bereich der Umwelt haben. Im Bereich des Politischen ist die ungeklärte Grenzsituation Barmens mit Sicherheit eine gute Bedingung gewesen, um die Investitionsfreude und die Risikobereitschaft der Barmer Untertanen zu fördern. Gerade an der Peripherie, weg vom eigentlichen Herrscher, ist es möglich, das Joch der im Bergischen ohnehin nie besonders schlimmen Leibeigenschaft abzuwerfen. Hinzu kommt die Tatsache, dass bereits seit dem Jahre 1070 durch Urkunden belegt ist, dass Abgaben oftmals in Geld zu bezahlen waren, und nicht in Naturalien. Das ermöglichte es den Untertanen, Geschäfte zu machen, die eben dieses Geld erwirtschafteten, das dann in Abgaben an den Herrscher gegeben werden musste.

Im Bereich der Umwelt müssen wir von anderen Faktoren ausgehen. Die Geschichte der mittelalterlichen Gesellschaft ist nicht, wie man oftmals denken mag, geprägt durch Stillstand. Im Laufe der 1000 Jahre, die das Mittelalter dauerte, taten sich einige Erfindungen, Revolutionen und Reformen hervor, die mehr oder weniger lang dauerten und bestehen blieben. Zu diesen Veränderungen gehörte auch eine stetig wachsende Bevölkerung. Eine solche hatte einen großen Nachteil. Da sich das Land, das es zu bewirtschaften galt, nicht auch vermehrte, waren die Erträge zu niedrig, zumal wir uns in einer Zeit befinden, in der die Dreifelderwirtschaft noch nicht eingeführt worden war. Um also sich selber, die Familie und auch den Herrscher zu ernähren, war es nötig, andere Möglichkeiten des Wirtschaftens aufzutun.

Die Bleicherei, die wie erwähnt, eventuell aus Sprockhövel eingeführt wurde, war an den Nordhängen, die an Gewässern reich waren, und später auch an der Wupper sicherlich eine Möglichkeit, neben der Landwirtschaft die eigenen Einnahmen zu verbessern. Dabei ist es wichtig zu betonen, dass die Landwirtschaft weiterhin die prägende versorgende Kraft in Wupperthal war, und das Textilgewerbe im Mittelalter vor allen Dingen als ein Nebengewerbe angesehen werden muss. Dennoch gab es einzelne Personen, die es geschafft haben, aus diesem ursprünglichen Nebengewerbe ihr Hauptgewerbe zu machen. Dazu gehören sicherlich die schon genannten Herrn Hermann von Elberfeld und Göddert Wichelhaus.

IV. Das Garnnahrungsprivileg und seine Probleme

Dass das Garnbleichereigewerbe in Wupperthal ein solcher Erfolg wurde, hat unter anderem damit zu tun, dass wir von einer Grenzregion reden, wie es oben angedeutet wurde. Wie ist das zu erklären? Mag der Beginn der Wuppertaler Bleicherei auch im Mittelalter liegen, so beginnt die Erfolgsgeschichte doch erst mit dem Jahr 1527. In diesem Jahr nämlich erließ der Herzog des Vereinigten Herzogtums Jülich-Kleve-Berg das Garnnahrungsprivileg, in dem den Bleichern in Barmen und Elberfeld als einzigen im gesamten Herzogtum erlaubt wurde, Garn zu bleichen. Dieses Dokument stellt außerdem das Handwerk des Bleichens unter eine Selbstverwaltung der Handwerker. Hinzu kommt, dass das Dokument Preise und Löhne für das Bleichen festsetzt. Das bedeutet, dass im Prinzip mit dem Ende des Mittelalters im Wupperthal eine mittelalterliche Zunftordnung für die Bleicher etabliert wurde. Die mittelalterlichen Zünfte waren Organisationen, in denen die Handwerker eines einzelnen Ortes probierten, sich von anderen Handwerkern anderer Orte und vor allem auch von herumziehenden Handwerkern abzukoppeln. Durch die Zunftgesetzgebung konnte man garantieren, dass die Handwerker ein gutes Auskommen hatten, sowie eine Ausbildung, die gewissen Standards folgte, und außerdem die Menge an Produkten begrenzen. Während heute im Zentrum des Geschäftslebens der Kunde steht bzw. stehen sollte, waren die Zünfte ganz klar auf den Produzenten ausgerichtet. Wenn man es böse ausdrücken möchte, könnte man sagen, dass das Zunftsystem eine kapitalistische Organisationsform war, die gegen die Wünsche des Verbrauchers agierte. Eine solche Organisation würde heute mit kartellrechtlichen Schritten rechnen müssen.

Es stellt sich natürlich die Frage, warum im Jahre 1527 die Bleicher vom Herzog ein solches Privileg einforderten, und warum der Herzog ein solches Privileg gewährte. Der Grund für das Handeln des Herzogs ist dabei wesentlich leichter zu identifizieren. Dadurch, dass es im Wupperthal eine florierende Textilindustrie gab, in der Preise festgelegt wurden, konnte er davon ausgehen, dass seine Abgaben pünktlich bezahlt wurden, und dass so die im 16. Jahrhundert auftauchenden sozialen Probleme, die sich etwa in den Bauernkriegen am deutlichsten abzeichnete, in seinem Herrschaftsbereich ausblieben oder geringer ausfielen.

Etwas schwieriger gestaltet sich die Frage nach den Motiven der Wupperthaler Bleicher. Es ist davon auszugehen, da es keine Quellen gibt, dass die Grundlage für den Wunsch der Bleicher, ein solches Privileg zu erhalten, mit einer gewissen Absatzkrise einhergehen musste. Die Gesetze des Marktes sorgten dafür, dass die Produzenten, von dem was sie produzierten, nicht mehr leben konnten. Der Grund dafür war nicht etwa ein Mangel an Garn, sondern ganz im Gegenteil eine Überproduktion, die den Preis für das bearbeitete Material fallen ließ, da das Bleichgewerbe bis zu diesem Zeitpunkt nicht geschützt war, was bedeutet, dass jeder, der wollte, auch bleichen konnte. Durch die gesetzlichen Bestimmungen der Garnnahrung, war es nun möglich, die Produktion zu begrenzen. Mehr als eine gewisse Menge an Garn sollte kein

Händler produzieren dürfen. So war es möglich, dass durch die Garnnahrung, auch die Zahl der Teilnehmer begrenzt wurde, so dass diese von dem, was sie produzierten, auch leben konnten.

Daraus ergibt sich eine neue Frage. Wenn ein solches Privileg eine bestimmte Region bevorteilt, wer ist dann der Verlierer, ob beabsichtigt oder nicht? Die Antwort darauf findet sich im Osten von Barmen in Schwelm. Die Stadt war spätestens seit dem 11. Jahrhundert das Zentrum der Region des östlichen Wupperthals. Barmen war zu diesem Zeitpunkt nur ein Ort mit verstreuten Höfen, während es in Schwelm eine Kirche, ein Gericht, und schließlich sogar Stadt- und Marktrechte gegeben hat. Dank der Schwelme und ihren angrenzenden Gewässern, war es auch dort möglich, zu bleichen. Und auch die Schwelmer erkannten, dass sich in der Bleicherei ein Zubrot zu den eigentlichen landwirtschaftlichen Erträgen verdienen ließe. Durch das Garnnahrungsprivileg, das sich ausschließlich um Barmer und Elberfelder Bleicher kümmerte, waren die Schwelmer außen vor. Mehr noch, ihnen wurde verboten, weiterhin zu bleichen. Es ist verständlich, dass die Schwelmer sich gegen diese Art Marktbeeinflussung zur Wehr setzen. Das taten sie zum einen auf illegale Weise, indem sie sich den Bestimmungen der Garnnahrung widersetzten und weiterhin bleichten, aber sie taten es auch auf juristischem Weg, indem Sie mindestens dreimal, denn so viele Prozesse sind überliefert, gegen das Garnnahrungsprivileg der Barmer und Elberfelder klagten. In diesen Prozessen konnten die Schwelmer kleine Siege für sich erringen. Grob zusammengefasst besagen sie, dass diejenigen, die nachweisen können, dass sie und ihre Familie schon seit Jahrzehnten oder Generationen das Bleichgewerbe betrieben, dies auch weiterhin, ungeachtet des Wupperthaler Privilegs, tun konnten. Das bedeutete, dass in Schwelm Beichereien existierten, die so viel Garn produzieren konnten, wie sie wollten, sie konnten die Leute so bezahlen, wie sie es für richtig hielten, und so stellten sie eine Konkurrenz für die Wupperthaler Garnbleicher dar.

Dennoch war es möglich, dass im Gegensatz zu Schwelm, die

Garnindustrie in Wupperthal blühte, und zu einem der bekanntesten Orte des Herzogtums werden konnte. Der Grund dafür lag im Marketing. Das Garnnahrungprivileg sorgte dafür, dass im gesamten Bereich des Herzogtums und auch darüber hinaus die Produkte aus dem Wupperthal als nicht nur geschützt, sondern auch qualitativ hochwertig angesehen wurden. Hinzu kam die Tatsache, dass durch die begrenzte Menge natürlich ein gewisser Luxus mit den Produkten aus dem Wupperthal einherging. Auch diese Tatsache förderte die Wupperthaler Textilprodukte. Die Textilien aus Schwelm hingegen waren günstiger, und da sie nicht durch das Privileg erfasst wurden, in den Augen der Menschen von geringerer Qualität.

Diese Diskrepanz zwischen den Wupperthaler Produkten und den Schwelmer Erzeugnissen, war für Oberbarmen sicherlich von Vorteil. In den Quellen ist überliefert, dass verschiedene Oberbarmer Händler ihr Garn nach Schwelm brachten, um es dort bleichen zu lassen. Bei diesem Schmuggel, wurden sie erwischt, und vor Gericht gestellt. Die Intention der Schmuggler lässt sich relativ leicht logisch nachvollziehen. Sie konnten die relativ hohen, durch die Garnnahrung festgesetzten Löhne, die sie für das Bleichen im Wupperthal hätten bezahlen müssen, dadurch umgehen, dass sie in Schwelm bleichen ließen, gleichzeitig war es ihnen aber möglich, dadurch, dass sie Teil der Wupperthaler Garnnahrung waren, diese in Schwelm zu einem geringeren Preis produzierten Produkte zu den im Wupperthal üblichen Preisen zu verkaufen. Dadurch erhielten sie eine Differenz, die sie einstreichen konnten, sodass sie wesentlich mehr Geld hatten, als ihnen nach den Vereinbarungen der Garnnahrung zugestanden hätte.

An dieser Stelle soll auf einen Fall, der aus dem Jahre 1602 stammt, näher eingegangen werden. In diesem Jahr passierte es, dass ein paar Bürger aus Barmen und Elberfeld in Schwelm festgesetzt wurden, so dass ihnen der Prozess gemacht werden konnte. Bei diesen Bürgern handelte es sich um Wennemar Abels, Siebel in der Bredde, Johann Rittershaus zur Bockmühlen, Dietrich in der Auen, Heinrich Pelser von Wichlinghausen und Casper Rittershaus von Elberfeld. Während alle zuerst genannten ohne Strafe davon kamen, weil man ihnen nichts beweisen konnte, so ist der Fall des Casper Rittershaus, der in Elberfeld wohnte, aber dessen Name und seine Familienbeziehungen klar zeigen, dass er aus Oberbarmen stammte, von besonderem Interesse. Ihm konnte im Prozess nachgewiesen werden, dass er häufig Garn ins Märkische geschafft hatte und dabei teilweise auf die Hilfe seines Bruders in der Bockmühle zurückgegriffen hatte. Er wurde mit einer Strafe von 500 Goldgulden in die Kasse des Landesherrn und noch einmal 400 Reichstalern in die Kasse der Garnmeister vom Wupperthal belangt. Auch seine Brüder Hans, Engelbert und Johann mussten wegen Beihilfe 50 bzw. 40 Goldgulden an Strafe bezahlen. Es sagt einiges aus, dass dieser Caspar Rittershaus im Jahre 1594 das Amt des Garnmeisters inne hatte, ein Amt also, in dem verstärkt darauf geachtet werden sollte, dass solcher Schmuggel nicht stattfand.

VI. Klingelholl – Eine Dynastie von Garnhändlern

Für eine besondere Art von Schmuggel war ein späterer Garnmeister bereits verurteilt worden. Es handelt sich dabei um Conrad Klingholz, einen Spross aus einer Dynastie von Bleichern, die ihren Ursprung am Klingelholl hatte. Im Folgenden soll kurz die Geschichte dieser Dynastie dargestellt werden, wie sie in den Quellen vor Augen geführt wird.

Wie so viele Barmer Höfe ist die Ersterwähnung des Hofes Klingelholl für das Jahr 1467 veranschlagt, er befindet sich in der berühmten Beyenburger Amtsrechnung. Aus dieser Liste geht hervor, dass der Hof Klingelholl drei Malter Hafer und zwei Hühner abgeben musste sowie ggf. auch eine Mark. Besitzer des Hofes Klingelholl ist Hans Klingenholl, der hier das erste Mal Erwähnung findet. Er muss demnach als Begründer der Dynastie gelten.

Hof Klingelholl (Melanchonstraße)
Quelle: Sammlung Bergischer Geschichtsverein e.V. / Stadtarchiv Wuppertal

Hans besaß ein Grundstück, dass etwa 7.500 Quadratmeter groß war. Rein rechnerisch ergibt sich daraus, dass der Hof Klingelholl auf der Ost-West-Achse, wenn man sich vorstellt, dass das Haus der Anlage im Eingangsbereich des Grundstücks lag, etwa von der heutigen Melanchthonstraße bis zum Friedhof in der Hugostraße gereicht hat. Im Norden grenzte der Hof an den Nordpark, im Süden an die Straße Klingelholl. Der Name *Klingelholl* leitet sich aller Wahrscheinlichkeit nach davon ab, dass es dort ein kleines Tal gab, durch das ursprünglich mal ein Bach floss, so dass es bei Starkregen klingelte, oder eben rauschte, wenn der Bach durch sein Flussbett lief. *Holt* weißt auf Holz und damit wohl auf ein Wäldchen oder Busch hin.

Der Hof Klingelholl gehört damit eher zu den kleineren Hofschaften im Bereich Barmen, und entspricht einem Kotten. So liegt es nicht fern, dass man den Hof Kingelholl als einen Abspliss des Hofes Westkotten ansehen kann, der, so wird vermutet, seinerzeit ein Abspliss des älteren Hofes Wichlinghausen gewesen sein könnte. Diese Angaben sind nicht komplett vollständig. Wir wissen aus dem späten 17. Jahrhundert, dass es zwei Höfe gab, die den Namen Klingelholl für sich beanspruchten. Wenn man diese beiden Höfe zusammenrechnet, kommt man auf eine Gesamtgröße von 17.750 Quadratmetern, was den Hof wesentlich größer macht, als ursprünglich gedacht. Daran erkennt man, wie vorsichtig man bei der Umrechnung von Maßangaben sein muss.

Zum zweiten Mal erscheint der Hof Klingelholl im sogenannten Schatzregister aus dem Jahr 1487. Dort wird erwähnt, dass der Hof Klingelholl drei Gulden bezahlen muss, was sicherlich nicht wenig gewesen sein dürfte. Mit hoher Wahrscheinlichkeit ist der Hof Klingelholl ein Hof gewesen, der sich über die Maßen finanziell tragen konnte. Das zeigt sich unter anderem daran, dass es in seinem Hof eine bis heute erhaltene Bauernburg gibt, die seit über 600 Jahren Bestand hat. Da Stein im Mittelalter teuer war, müssen wir davon ausgehen, dass der Besitzer des Hofes Klingelholl, in der Lage war, sich eine solche Bauernburg aus Stein bauen und auch erhalten zu können, was auf seine finanziellen Möglichkeiten hinweist. Gestützt wird diese Annahme durch den Kauf des Gutes Fette Henne östlich der Schwarzbach in Oberbarmen, das 1521 an Johann Klingholz geht. Die Familie Klingholz muss in Wupperthal einen guten Namen gehabt haben. 1503 stiftet sie Geld an die Laurentiuskirche in Elberfeld, und in einer weiteren Urkunde, wird der Name der Familie auf der Zeugenliste an vierter Stelle aufgeführt, was nach mittelalterlicher Tradition eine recht hohe soziale Stellung des Zeugen bedeutet.

Aus dem bisher kurz beschriebenen geht demnach hervor, dass die Familie Klingholz viel Land hatte, viel Geld besaß, und zudem einen guten Ruf erlangt hatte. Es kann daher nicht verwundern, dass einer der am weitesten gereisten Kaufleute des Wupperthals, von denen wir wissen, ein Mitglied dieser Familie gewesen ist. Im Jahre 1540 findet sich mit Wimbert Klingelholl ein Gläubiger eines belgischen Kaufmanns in Antwerpen. Das bedeutet, dass wir bereits für das 16. Jahrhundert von einem recht weitreichenden Geschäftsnetz der Familie ausgehen können. Wie die meisten reichen Wuppertaler der damaligen Zeit, traten auch die Klingelhöller zum reformierten Glauben über, was sich nicht nur in Urkunden der Elberfelder reformierten Gemeinde zeigt, sondern auch etwa an der Tatsache, dass auf dem Hofeshaus heute noch der Engel der reformierten Gemeinde zu sehen ist.

Der neu erworbene Hof Fette Henne erscheint auch in der bereits erwähnten Beyenburger Amtsrechnung. Der durchaus lustige Name findet sich in späteren Dokumenten nicht mehr, dafür erscheint das Gut Lange Kemna, so dass davon auszugehen ist, dass hier ein Namenswechsel stattgefunden hat. Dieser Namenswechsel ist wohl auf einen Besitzer dieses Grundstücks zurückzuführen, der den Namen Lange trug. Von dessen Familie, so lässt sich vermuten, wurde das Grundstück dann für 500 Taler an Johann Klingholz verkauft, dessen Familie diesen Hof bis 1848 bewirtschaftet hat.

Obwohl der Hof bis in das späte 17. Jahrhundert hinein weiterhin als Lange Kemna bezeichnet wird, ist er den Leuten heute vor allen Dingen als Klingholzberg bekannt, auf dem sich seit dem Ende des 19. Jahrhunderts ein Obdachlosenasyl befand, und der heute zu neuem Glanz gekommen ist.

Was machte Johann Klingholz mit seinem Gut? Das Gut lag am Schwarzbach, der als ein Grenzgewässer gelten kann, an dem gebleicht werden konnte. Auch für dieses Gebiet ist die Frage der Grenzziehung ganz entscheidend. Allerdings muss man dabei in Betracht ziehen, dass eine solche Grenzziehung für die Herrschenden zunächst von keiner großen Rolle war. Die Bereiche nördlich und östlich des Wichlinghauser Marktes gehörten ganz klar zu Barmen, da sie sonst nicht von den Garnmeistern in ihrem Umgang 1606 erfasst worden wären. Der nordöstlichste Punkt, der von ihnen erfasst wurde, ist das Gut an der Wiesche, ein Gut, das direkt am Grenzbach liegt, der im 17. Jahrhundert als solcher definiert wurde. Ganz anders stellt sich das in der Region Schwarzbach und Rauental da. Bis ins späte 18. Jahrhundert hinein war eine Grenzziehung dort nicht gegeben. Das zeigt sich etwa daran, dass im Jahre 1778 ein Wald versteigert werden sollte, der zum Haus Rauental gehörte. Allerdings legte der Barmer Richter Ahlhaus Protest ein, da seiner Meinung nach dieser Busch zu Barmen gehörte. Tatsächlich ist die Versteigerung nicht vonstatten gegangen, ein Ergebnis wurde auch nicht bekannt, anscheinend verlief dieser Streit im Sande. Erst 1789 wurden tatsächlich Grenzsteine im Bereich des Schellenbeck gelegt. Man sieht, wie wenig eine ordentliche Grenzziehung von politischem Interesse gewesen ist.

Die weitere Geschichte des Hofs Klingholzberg ist eng verbunden, mit den Geschehnissen rund um den Dreißigjährigen Krieg. Dieses Ereignis, das für die Deutschen ein Trauma gewesen ist, hatte auch Auswirkungen auf Barmen. Zahlreiche Menschen, sind in diesem Krieg umgekommen oder starben bei der Verteidigung ihrer Höfe, wenn Soldaten sie überfallen wollten. Wir finden etwa entlang der Barmer Nordstadt eine Strecke der Verwüstung mit brachliegenden Höfen. Bei einigen Besitzern wissen wir sogar, dass sie sich als Soldaten in diesem Krieg freiwillig verpflichteten, sodass ihr Hof leer stand. Es lässt sich vermuten, dass infolge des Dreißigjährigen Krieges der Hof Klingelholl, also das Stammhaus an der Melanchthonstraße, den Besitzer wechselte. Denn ab diesem Zeitpunkt finden sich keine Klingelhöller mehr als Eigentümer dieses Hofes. Hinzu kommt, dass das jetzige Hofeshaus aus dieser Zeit stammt, so dass der neue Besitzer ein neues Gebäude erbauen ließ. Auch das Gut am Klingholzberg blieb von den Umwälzungen des Dreißigjährigen Krieges nicht verschont.

Wenn man sich mit der Familiengeschichte der Klingelholler befasst, kann man einen einfachen, aber nahezu vollständigen Stammbaum erstellen. Am Anfang steht Hans Klingelholl (I.), der einen Sohn mit Namen Johann Klingholt (II.) hat. Dieser scheint zwei Söhne gehabt zu haben, nämlich zum einen Wimpert Klingholz und zum anderen Johann Klingholz (III.). Wimpod Klingholz bekam einen weiteren Sohn mit Vornamen Peter (I.), und dieser Peter wiederum hatte zwei Söhne. Der eine trug den Namen Kersken, der andere Peter (II.). Dieser Peter (II.) bekam einen weiteren Sohn, nämlich Johann Klingholt (IV.). Das ist die Familie, die bis zum Ende des Dreißigjährigen Kriegs im Stammhaus an der Melanchthonstraße wohnte. Der zweite Familienzweig ist die Familie von Johann Klingholz (III.), der das Gut am Schwarzbach kaufte. Auch er hatte zwei Söhne, einmal Johann Klingholz (V.), und einmal Casper Klingholz. Johann (V.) hatte noch einmal zwei weitere Söhne nämlich Konrad Klingholz und einen zweiten Sohn, der auch den Namen Johann (VI.) trug. Casper hingegen hatte nachweislich nur einen Sohn, und auch dieser trug seinen Namen. Dieser zweite Familienzweig scheint mit dem Dreißigjährigen Krieg ausgestorben zu sein, so dass ein Mitglied des ersten Familienzweigs, eben Johann Klingholt (IV.), das Gut Kemna nach dem Tode von Konrad übernommen hat.

VII. Händler, Meister Schmuggler – Konrad Klingholz aus Oberbarmen

Konrad Klingholz ist es, der für eine weitere Schmugglergeschichte interessant ist. Bei ihm handelt es sich um eine recht schillernde Persönlichkeit, wie sich anhand der Quellen zeigen lässt. Konrad Klingholz wurde etwa um 1560 herum geboren, übernahm irgendwann vor 1600 den Klingholzhof am Schwarzbach, den er als erfolgreicher Bleicher bewirtschaftete. Er findet sich als Besitzer dieses Hofes im Garnmeisterumgang von 1606. Darin ist aufgeführt, dass er eine Gesamtmenge von 67 Zentnern Garn zu verantworten hatte, was ihn zum erfolgreichsten Bleicher im Nordosten von Barmen macht. Auffällig ist dabei, dass er eben nicht nur seine eigene Garnmenge bleichen lässt, sondern auch etwa 31 Zentner Garn für seinen Vater und seinen Bruder. Hinzu kommen 12 Zentner Garn, die von Johann Wülfing stammen, der wohl sein Onkel, Neffe oder Schwager war. Zudem bleicht er noch 24 Zentner Garn von Menschen, die nicht zur seiner Familie gehörten. Er heiratete 1603 und wurde 1612 selber Garnmeister, eine Funktion, die bereits sein Vater innegehabt hatte. Er hatte eine Tochter, die er nach Langerfeld verheiratete. Diese Ehe mag vielleicht eine Liebesehe gewesen sein, hatte aber wahrscheinlich auch noch weitere Gründe. Denn Langerfeld lag ganz klar im Märkischen Gebiet.

Wir haben zwar keine Dokumente, die belegen, dass Konrad Klingholz aktiv am Garnschmuggel beteiligt war, wir wissen aber, dass er dem Schmuggel als solchem nicht abgeneigt war. Ein Dokument aus dem Jahr 1597 belegt, dass Konrad Klingholz Bier nach Barmen geschmuggelt hat, da dieses von höherer Qualität sein sollte, als das in Barmen gebraute. Dass dieses Bier aus Elberfeld und Soest stammte, beweist, dass Konrad von Bier wahrscheinlich weniger Ahnung hatte als von Garn. Die Tatsache, dass er mehr Strafe zahlen musste, als der ausschenkende Wirt, zeigt zudem, dass er der aktive Schmuggler war.

Mit einer solchen persönlichen Geschichte im Hintergrund und den erwähnten, nicht unüblichen Machenschaften anderer Bleicher im Grenzgebiet, ist ein Garnschmuggel durch seine Person absolut möglich. Zudem ist die schiere Menge, die er an der Schwarzbach bleichte, ein Zeichen dafür, dass er wahrscheinlich den kurzen Weg über die Grenze nutzte, um bei seinem Schwiegersohn günstiger bleichen zu lassen. So erwirtschaftete Konrad einen Reichtum, der den Wohlstand der Familie Klingholz mehrte.

VIII. Wirtschaftswachstum in Oberbarmen

Es war aber nicht nur die Familie Klingholz, die durch Bleichereihandwerk und Garnhandel reich wurde. Das 17. Jahrhundert war für die Oberbarmer eine Zeit des stetigen Wachstums. Als Hinterland Amsterdams und Antwerpens profitierte es vom goldenen Zeitalter der Niederlande. Am deutlichsten zeigt sich dies gar nicht in Oberbarmen, sondern erneut in Schwelm. Denn Barmen war noch immer geteilt. Die Oberbarmer gingen sonntags zum Kirchgang nach Schwelm, das seit der Reformation lutherisch geworden war. Dort aber setzten die Oberbarmer schon zum Ende des Mittelalters durch, dass die Kirche einen Anbau erhielt, eine eigene Oberbarmer Kapelle, die von niemand anderem betreten werden durfte, was Mitte des 17. Jahrhunderts als absonderlich angesehen wurde. Die Oberbarmer Erfolgsgeschichte riss auch nach dem Dreißigjährigen Krieg nicht ab. Dieser war dennoch in der ganzen Region ein Einschnitt, was sich auch im Märkischen zeigte. In Nächstebreck, um auch diesen Teil des heutigen Oberbarmens einmal kurz zu beleuchten, etwa hatte sich die Familie Schrubb zu Beginn dieses Krieges eine kleine, aber feine Bauernburg aus Fachwerk leisten können, nach der heute die Straße Schrubburg, bezeichnet ist, nach dem Krieg finden sich drei Mitglieder der Familie im Armenverzeichnis der Kirchengemeinde wieder. Überhaupt sind zahlreiche Höfe in der Grenzregion zwischen Nächstebreck und Wichlinghausen entlang des heutigen Mollenkotten bzw. der Autobahn A1 nach dem 30jährigen Krieg wüst und leer, was klar zeigt, dass auch das Wupperthal unter diesem Krieg zu lei-

Alte Gemarker Kirche und Friedhof Zwinglistraße (Sammlung Stadtarchiv Wuppertal)

den hatte. Aber schon recht schnell nach dem Westfälischen Frieden funktionierte das Wirtschaftssystem wieder und Oberbarmen kam zu einigem Reichtum und zu guten Kontakten.

Zu Beginn des 18. Jahrhunderts war es den Reformierten so möglich, durch Geldzuwendungen des englischen Königshauses und eigene Leistungen eine eigenständige Gemeinde zu gründen und die Gemarker Kirche zu bauen. In Folge dieses Baus wurde zudem das Land rund um die Kirche, das bis dahin Gemeingut gewesen war, privatisiert und konnte verkauft werden. Das zog neue Bürger an und machte die Bodeneigentümer zu sehr reichen Menschen, denn sie hatten bei der Privatisierung nichts bezahlen müssen, konnten nun aber Grund und Boden verpachten und vermieten. Auch im Bereich des Nordparks und anderer Wälder erfolgte eine solche Privatisierung des Bodens. Anders als in Gemarke folgte aus ihr aber nicht unbedingt Wohlstand für die Eigentümer. In Gemarke war seit dem 16. Jahrhundert mit der Amtsschule ein Zentrum entstanden, das durch die reformierte Gemarker Kirche und im Verlauf des 18. Jahrhunderts durch die katholische Kirche St. Antonius weiter ausgebaut wurde. Im Umfeld dieses Zentrums konnte der Boden teurer veräußert oder gewinnbringend genutzt werden – zumal viele neue Bürger dort hinzogen. Namen von erfolgreichen Bürgern aus dem 19. Jahrhundert wie Werth oder Bredt zeugen noch von diesen Anfängen.

Aber auch in Oberbarmen tat sich einiges. Die Lutheraner wollten auch eine eigene Kirche, denn für sie war es ein unmöglicher Zustand, dass in Schwelm, also dort, wo sie illegal bleichen ließen, über ihr kirchliches Schicksal entschieden wurde. Sozial und wirtschaftlich fühlten sie sich den Schwelmern überlegen, kirchlich standen sie unter ihnen. So ist es kein Wunder, das ausgerechnet die Kaufleute aus Oberbarmen auf eine Trennung von Schwelm pochten. Allerdings scheiterte ihr Vorhaben jahrzehntelang an einer wichtigen Frage: Wo sollte die Kirche stehen? Die Wichlinghauser erklärten, dass sie bei ihnen stehen müsse, da man dort seit dem 30jährigen Krieg in der alten Schule Gottesdienste abhalten würde, die lutherischen Gemarker führten die Gemarker Kirche und St. Antonius an, denn wo eine reformierte und katholische Kirche standen, konnte auch eine lutherische Kirche stehen. Die Bleicher der Wupper, die östlich von Gemarke wohnten und arbeiteten, aber noch keinen einheitlichen Namen hatten, führten wirtschaftliche Gründe an, denn ihr Gemeinwesen sei das prosperierenste in Barmen und folglich müsste dort die Kirche stehen. Die Heckinghauser hielten sich aus dieser Diskussion heraus, denn sie hatten mit einer Schule bereits ein eigenes kleines Zentrum, das auch dem Kirchgang diente.

Es war schließlich der Mut eines einzigen Mannes, des aufstrebenden Pfarrers Johann Wülfing, der die Sache entscheiden sollte. Er setze den Oberbarmern die Pistole auf die Brust: „Entweder ihr baut eine Kirche oder ich gehe nach Hagen!" Diese Drohung zog. Der Wichlinghauser Kaufmann Hildebrand Wuppermann setzte sich mit Schwelm in Verbindung und begann ohne Rücksicht auf die anderen Oberbarmer Gespräche zu führen, während das Kirchgebäude am Wichlinghauser Markt 1743 erste Fundamente erhielt. Wülfing selber zog durch Süddeutschland und sammelte Geld für den Bau. In Oberbarmen war nicht mehr genug für einen solchen Bau vorhanden, denn man hatte dort schon zehn Jahre vorher für den Neubau der verhassten Schwelmer Kirche zahlen müssen. Dass die Gemeindegründung nicht ohne Widerspruch der restlichen Oberbarmer passieren würde, war abzusehen und so wurden den zuständigen Behörden in Düsseldorf ohne Ende Briefe geschrieben, bis sich die Kanzlei des Herzogs unter Androhung von Strafe weitere Eingaben verbot. Auch der für die Protestanten im katholischen Bergischen Land zuständige Preußische König ging diesen Weg, um vor den wohl wöchentlich eingehenden Briefen gewappnet zu sein. Wer aber Zeit hatte, sich in dieser Form mit solchen Dingen zu beschäftigen, der muss nicht oder zumindest wenig arbeiten und lebt von einem Vermögen. Daher ist diese Episode ein Zeichen für Wohlstand in Oberbarmen, egal in welchem Quartier.

1744 wurde die Gemeinde Wichlinghausen gegründet, zu der alle anderen Oberbarmer Lutheraner gehen mussten – aber nur 33 Jahre lang. 1777 gründete sich die Gemeinde Wupperfeld, die von da an fast 200 Jahre lang alle anderen Oberbarmer Lutheraner betreute und den Menschen dort endlichen einen Namen gab. Mit dem Bau der Alten Wichlinghauser bzw. der Alten Wupperfelder Kirche machten die Bereiche dort dieselbe Entwicklung durch, wie vorher Gemarke. Häuser und kleine Zentren entstanden, in denen sich Geschäfte niederließen. Im Laufe des 19. Jahrhunderts wurden aus den Geschäften Manufakturen, dann Fabriken, die das Wupperthal zu einer der reichsten Regionen des Deutschen Reiches machten. Aber bereits um 1900 war der Zenit überschritten, auch wenn immer weitere Firmen gebaut und eröffnet wurden. Spätestens in den 1960er Jahren war das den Unternehmern auch bewusst, aber sie standen der wirtschaftlichen Globalisierung recht hilflos gegenüber.

Warum ist das so? Wenn man es genau betrachtet, dann ist die Globalisierung, also der freie, unbeschränkte Verkehr von Waren und Gütern nichts anderes als die komplette Aufhebung dessen, was der Herzog 1527 dem Wupperthal zugestanden hatte: Ein abgeschotteter, konkurrenzloser Markt, der deswegen gegründet wurde, weil die Bleicher nicht mehr von ihrer Arbeit leben konnten. Mit der Globalisierung also endete eine über 400 Jahre alte Abschottung des Wupperthals und mit diesem Ende kamen die Probleme wieder, die es davor gegeben hatte.

Literatur:

Dabringhausen, Gerhard: Heckinghausen. 1300 Jahre an der Grenze zwischen Rheinland und Westfalen, Wuppertal 2012.

de Bruyn-Ouboter, Hans-Joachim: 1200 Jahre Barmen. Die Stadtgeschichte, Wuppertal, 2008.

Dietz, Walter: Die Wuppertaler Garnnahrung. Geschichte der Industrie und des Handels von Elberfeld und Barmen 1400 bis 1800, Neustadt an der Aisch 1957.

Frisch, Margarete: Die Grafschaft Mark, Münster 1937.

Helbeck, Gerd: Beyenburg. Geschichte eines Ortes an der bergisch-märkischen Grenze und seines Umlands, Bd.1, Schwelm 2007

Helbeck, Gerd: Nächstebreck, Wuppertal 1984.

Helbeck, Gerd: Schwelm. Geschichte einer Stadt und ihres Umlandes. Bd.1, Schwelm 1995.

Gorißen, Stefan: Gewerbe im Herzogtum Berg vom Spätmittelalter bis 1806, in: Gorißen, Stefan/Sassin, Horst/Wesoly, Kurt (Hg.): Geschichte des Bergischen Landes. Bis zum Ende des alten Herzogtums 1806, Bielefeld 2014.

Metschies, Michael: Adelssitze, Burgen, Feste Häuser im Wuppertal, Wuppertal 1975.

Schnickmann, Heiko: Vom sächsischen Hof zur Textilhochburg. Eine Geschichte Wichlinghausens, Remscheid 2015.

Sonderland, Vincent Paul: Die Geschichte von Barmen im Wupperthale, Elberfeld 1821.

Sundermann, Margot: Vom Bauernbusch zum Bürgerpark. Eine Studie zur Geschichte des Nordparks in Wuppertal-Barmen. Wuppertal 1989.

Werth, Adolf:und Adolf Lauffs: Geschichte der Evang.-Reformierten Gemeinde Barmen-Gemarke, Barmen 1927.

Die Schweden kommen – Der 30jährige Krieg im Wupperthal

I. Einleitung

Der 30jährige Krieg war die längste kriegerische Auseinandersetzung, die seit der Antike auf deutschem Boden stattgefunden hat. Auch wenn sich die großen Schlachten eher in Mitteldeutschland zutrugen, gab es doch keine Region, die von den Auswirkungen nicht beeinflusst worden wäre. Der Transport der Truppen beeinträchtigte die regionale Politik, den Handel und nicht zuletzt das Leben der Menschen vor Ort. Einige gingen freiwillig in den Krieg, andere waren gezwungen. Ihre Häuser und Höfe waren zerstört, Lebensweisen wurden radikal verändert.

Auch mit dem Ende des Krieges war eine Rückkehr zum Normalen für den Einzelnen nicht immer möglich. Wer Hof und Gut verloren hatte, musste sich anderweitig behelfen, konnte nicht zurück zu dem, was er und seine Vorfahren Jahrhunderte lang gemacht hatten.

Auch die Ortschaften, die heute die Stadt Wuppertal bilden, sind von diesem Krieg und seinen Auswirkungen nicht verschont worden. Tatsächlich wäre das Tal der Wupper wohl wesentlich schlimmer in Mitleidenschaft gezogen worden, wenn weltpolitische Ereignisse nicht dafür gesorgt hätten, dass der Krieg erst 1618 ausbrach und nicht schon direkt nach dem Tod von Herzog Johann Wilhelm 1609.

Doch auch ohne diesen quasi virtuell-historischen Blick änderte sich durch den 30jährigen Krieg im Gebiet der heutigen Stadt Wuppertal einiges, das es zu berichten gilt. Sind diese Ereignisse bisher vor allem in den Chroniken der Stadtteile besonders erwähnt worden, so soll hier der Versuch gewagt werden, diese einzelnen Darstellungen in den größeren Zusammenhang einer Stadtgeschichte zu stellen. Andere Ansätze zur Darstellung des Krieges beziehen das gesamte Bergische Land mit ein und bleiben dabei oftmals auf der politischen Ebene. Der sozialhistorische Aspekt blickt nur in einzelnen Punkten immer wieder durch.

So ist der 30jährige Krieg für das Bergische Land hervorragend erforscht. Bereits 2002 gab Stefan Ehrenpreis in den Bergischen Forschungen des Bergischen Geschichtsvereins einen Band dazu heraus. In ihm sind zahlreiche Aufsätze zu ganz unterschiedlichen Ereignissen aufgeführt. In dem Band geht es unter anderem um den Krieg am Niederrhein und auch um den Krieg als kulturelles Ereignisse, dessen Spuren sich in der deutschen Barockdichtung finden. Eine dezidierte lokalhistorische Perspektive findet sich in diesem Band mit dem Text von Wolfgang Motte, der sich um Radevormwald kümmert und hier vereinzelte Ereignisse aufgreift und einordnet.

Was das Wupperthal betrifft, finden sich in den großen Überblickswerken zur Stadtteilgeschichte oftmals Hinweise auf die Ereignisse des Krieges. Elberfeld und Barmen nehmen dabei zwar eine herausragende Stellung ein, dennoch wirkt der Krieg für die Stadtteilhistoriker oftmals nicht interessant genug, um ihm ein eigenes Kapitel zu widmen. Mit diesem Beitrag soll der Krieg in den Fokus gerückt werden, um den Blick auf ihn zu konzentrieren.

II. Der Erbfolgestreit um das Herzogtum Jülich-Kleve-Mark

Der Politologe Herfried Münkler hat passend zum 400. Jubiläum zum Beginn des Krieges eine herausragende Studie zu diesem Krieg vorgelegt, die er jedoch, seiner Profession entsprechend, nicht als Geschichtswerk verstanden wissen will, sondern als eine Blaupause zum kriegerischen Verhalten vor dem Westfälischem

Frieden, der in Münklers Augen die Kriegsführung der späteren Jahrhunderte beeinflusste. Heute, so der Politikwissenschaftler, würden die 1648 aufgestellten Regeln in den neuen Kriegen wieder aufgelöst, so dass ein Blick in den letzten Krieg lohnt, der diesen Regeln nicht unterworfen war.

Münklers Studie ist insofern für das Bergische Land interessant, weil sie es ist, die den oben angedeuteten Punkt der virtuellen Geschichte des Kriegsverlaufs ausführt. Münkler entwickelt diese Idee ausgehende vom Erbfolgestreit im Herzogtum Jülich-Kleve-Mark. Mit dem Ende des Mittelalters war das Bergische Land zu einem Vereinigten Herzogtum geworden, das mit Jülich und Kleve verbunden war. Dieses Gebiet entwickelte sich, nicht zuletzt durch den Textilhandel im Wupperthal, zu einer der reichsten Regionen des Alten Reichs. Der Zugang zum Rhein als wichtiger Verkehrsfluss und die damit in Zusammenhang stehenden Verbindungen nach Amsterdam und Antwerpen machten die Region für den Handel attraktiv. Zeitgleich war die Region konfessionell gespalten, weil die Herzöge keine eingleisige Religionspolitik verfolgt hatten.

Als Herzog Johann Wilhelm 1609 ohne Nachfolger starb, entbrannte um sein Herzogtum ein Streit zwischen seinen Schwagern und zusätzlich dem Kaiser. Die beiden Schwager, der Kurfürst von Brandenburg und Herzog von Pfalz-Neuburg, stellten über ihre Ehefrauen Ansprüche auf das Reich am Niederrhein. Dieses Reich aber lag im Zentrum Europas. Der Kontakt in die Niederlande war nicht nur wirtschaftlich, sondern auch politisch entscheidend. Die Lücke, die durch den Tod des Herzogs entstand, musste zwar gefüllt werden, aber mit wem, war eine Frage von internationaler Bedeutung. Denn auch wenn das Herzogtum alle drei Konfessionen zuließ, gab es bedingt durch die Einflüsse des Erzbistums Köln eine katholische Mehrheit, die ihre Machtstellung ungern einbüßen wollte. Spanien und die südlichen Niederlande sahen dies gerne, die nördlichen Niederlande setzten sich für einen protestantischen Machthaber ein. Die Räte im Herzogtum selber wollten die Rechte der möglichen Nachfolger juristisch durch den Kaiser prüfen lassen, der, selber katholisch, sich dem Ansinnen, das Herzogtum wieder dem katholischen Einfluss näher zu bringen, nicht entziehen wollte. Allerdings musste er die internationale Politik im Auge behalten, so dass er zunächst den Entscheidungsprozess hinzog und aussaß. Da ohne Machthaber das Herzogtum Schaden nehmen hätte können, konnte man die beiden Nachfolger dazu bringen, sich zunächst auf eine gemeinsame Regentschaft zu einigen, bis die Nachfolge geklärt war.

In dieser Situation suchten die beiden Konkurrenten um die Nachfolge Johann Wilhelms starke Verbündete im Reich selber, aber auch in Europa. Der Brandenburger konnte sich die Unterstützung der Kurpfalz sowie der reformierten nördlichen Niederlande sichern. Der Pfälzer setzte auf Sachsen, das sich aber zurückhielt.

Der französische König Heinrich IV, ein zum Katholizismus konvertierter ehemaliger Calvinist, stellte sich auf Seiten des Brandenburgers, vor allem, um ein Zeichen gegen den Kaiser in Wien zu setzen und die Macht Frankreichs auszubauen. Die Pläne des französischen Königs sahen jedenfalls eine Invasion des Niederrheins vor, was den großen Krieg sicherlich schon 1610 hätte beginnen lassen. Gescheitert ist dieser Plan an dem Attentäter François Ravaillac, der Heinrich IV. am 14. Mai jenes Jahres ermordete.

So blieb der Erbfolgestreit ein regional begrenzter Streit. Verschärft wurde die Sache durch den Übertritt des Pfälzers zum Katholizismus und des Brandenburgers zum Calvinismus im Jahr 1613. Dennoch konnte man sich auf einen Kompromiss einigen. So wurde das Herzogtum zwischen ihnen bereits 1609 aufgeteilt, nicht jedoch politisch als eigenständige Territorien, sondern lediglich in der Verwaltung. Der nördliche Teil ging an Brandenburg, der südliche Teil an Pfalz-Neuburg. Dass keine der beiden Seiten mit dieser Regelung wirklich zufrieden war, versteht sich von selber und sollte für den 30jährigen Krieg dann eine entscheidende Rolle spielen.

III. Das Leben im Wupperthal des frühen 17. Jahrhunderts

Da der 30jährige Krieg nicht nur ein Krieg um politische Vormachtstellung, sondern auch ein Religionskrieg war, ist es wichtig, sich auf zwei Aspekte des Lebens im Wupperthal des 17. Jahrhunderts zu konzentrieren. Dazu gehört zum einen der wirtschaftliche Aspekt, der die materielle Grundlage für dieses Leben bot, dazu gehört aber auch zum zweiten der religiöse Aspekt, der eben die ideelle Basis bildete.

Ein solcher Blick kann nur dann gewährleistet werden, wenn es genug Quellen gibt. Für das Wupperthal sind viele Quellen vorhanden. So gibt es für den Bereich Barmen neben klassischen erzählenden Quellen, wie Geschichtswerken und Chroniken auch Verwaltungsunterlagen, die einen Einblick in die Steuerlisten gewähren. Für andere Stadtteile, wie etwa Elberfeld fehlen solche Quellen, so dass man hier einzig auf die Erzählungen angewiesen ist, die zum Beispiel durch Kirchenchroniken überliefert wurden.

Wie bereits an anderer Stelle erwähnt, war das Jahrhundert, das vor dem 30jährigen Krieg lag, das 16. Jahrhundert, für die Entwicklung des Wupperthals entscheidend. Durch das Garnnahrungsprivileg von 1527 war es den beiden Bereichen Elberfeld und Barmen als einzigen im Vereinigten Herzogtum von Jülich-Kleve-Mark erlaubt worden, Garn zu bleichen. Dabei spielten marktwirtschaftliche Erwägungen keine Rolle, vielmehr griff man auf mittelalterliche Überlegungen des Zunfthandwerkes zurück. So gab es Preisfestlegungen, geregelte Produktion von zu bleichenden Mengen an Garn und eine durch die Beteiligten selber organisierte Aufsicht über die Einhaltung der Regeln. Diese Aufsicht wurde durch die Garnmeister wahrgenommen. Sie schrieben regelmäßig auf, wer welche Mengen an Garn für wen bleichte. Eine solche Liste für das Jahr 1606 ist erhalten geblieben und gibt wunderbare Einblicke in die Arbeit der Menschen. So zeigt sie, wie eng oftmals die Familienbande zwischen den Bleichern war, denn viele bleichten vor allem innerhalb der Familie und für die Nachbarn. Sie zeigt aber auch, wie sich Menschen aus wirtschaftlichen Überlegungen zusammen taten. Ein Bleicher aus Wichlinghausen zog extra an die Rosenau, um hier zu bleichen, tat dies aber nur für Menschen aus Wichlinghausen, nicht für andere. In den Listen finden sich auch erste Garnhändler, die bei verschiedenen Bleichern im gesamten Gebiet von Barmen und Elberfeld bleichen ließen, wie Anton Grah, dessen Name bei über zehn Bleichern in der Kundenliste auftaucht.

Diese Liste sollte aber nicht darüber hinwegtäuschen, dass das Bleichergewerbe, obwohl schon seit dem späten Mittelalter im Wupperthal praktiziert, zu Beginn des 17. Jahrhunderts noch nicht flächendeckend als Haupterwerb praktiziert wurde. Die zu bleichenden Mengen waren dafür oft zu gering, die festgelegten Preise erlaubten manchen ein Auskommen, anderen lediglich ein Zubrot. Hauptsächlich arbeiteten die Menschen weiterhin auf ihren Bauernhöfen auf Basis von Subsistenzwirtschaft, sie versorgten also sich selbst, bestellten ihre Felder und konnten ab und an auch Überschuss verkaufen. Die Bleicherei betrieb man im Nebengewerbe.

Das verhinderte freilich nicht, dass es durchaus Menschen gab, die durch die Bleicherei reich wurden, wie die an anderer Stelle beschriebene Familie Klingholz oder der Händler Anton Grah. Generell scheint es im Wupperthal bereits vor dem 17. Jahrhundert einen passablen Wohlstand gegeben zu haben, der sich durchaus der Bleicherei verdankte. Anders lässt sich kaum die Tatsache erklären, dass die Oberbarmer, deren kirchlichen Angelegenheiten bis ins 18. Jahrhundert in Schwelm geregelt wurden, sich dort eine eigens nur ihnen zugängliche Kapelle am Kirchgebäude errichten ließen, um sich von den anderen zum Schwelmer Kirchspiel gehörigen Gläubigen absetzen zu können.

Damit ist der Punkt erreicht, in dem über Religion gesprochen werden muss. Das Wupperthal war seit der Reformation überwiegend protestantisch. In Elberfeld hatte schon früh Adolf Clarenbach die Lehre Luthers verbreitet, war damit aber wenig erfolgreich gewesen. Die andere protestantische Bewegung des Johannes Calvin fasste hier Fuß und wurde zur beherrschenden Konfession – und zwar nicht nur in Elberfeld, sondern auch in Cronenberg und Unterbarmen. Von Osten hingegen wanderte das Luthertum in das Wupperthal ein. Schwelm wurde im Laufe des 16. Jahrhunderts lutherisch und mit ihm auch seine Barmer Gläubigen, wenn auch gerade an der Grenze zwischen Ober- und Unterbarmen der Calvinismus überwog. Als eine der letzten katholischen Bastionen blieb Beyenburg durch den Einfluss des Kreuzherrenklosters dem alten Glauben treu, so dass die dortigen Mönche die verschwindend geringe Zahl von Katholiken betreuten. Dass dieser Zustand bei einem zum Katholizismus konvertierten bergischen Landesherren alles andere als Freude hervorrief, zumal sein Konkurrent um die Herrschaft im Herzogtum Calvinist war, darf nicht verwundern.

IV. Krieg, Krankheit und Katastrophen – Der Kriegsverlauf

Der Beginn des 30jährigen Krieges, in dem sich Spanier, Niederländer und Schweden aktiv, andere europäische Mächte zumindest indirekt beteiligten, fand im Wupperthal zunächst kein großes Echo. Das Jahr 1618 war für die Wuppertaler kein Jahr besonderer Ereignisse. Mag der Krieg sich auf der großen internationalen Bühne abgespielt haben, von Vohwinkel bis Langerfeld zeigten sich zunächst keine Spuren davon, was im fernen Böhmen passiert war.

Tatsächlich war das erste Jahrzehnt, was den Kriegsverlauf angeht, eher ruhig. In einer Zeit jedoch, in der die wissenschaftliche Revolution noch in den Anfängen stand, wurden Ereignisse, die zwar nicht ursächlich mit dem Krieg zusammenhingen, aber zeitlich mit ihm in einem Kontext stehen, als schlechte Omen angesehen – vor allem im Rückblick.

Der Dreiklang aus Krieg, Krankheit und Katastrophe begann im Jahr 1621. In Elberfeld kam es in diesem Jahr zu einem verheerenden Brand, der einen großen Teil der Stadt zerstörte. Hinzu kam, dass 1625 nicht nur die Wupper Hochwasser aufwies, das zahlreiche Häuser der Anrainer unbewohnbar machte, sondern durch einen ungewöhnlich langen Schneefall auch die Roggenernte vernichtet wurde und sich im Folgejahr nicht erholte.

Neben den Katastrophen suchte auch die Pest das Tal der Wupper in unregelmäßigen Abständen über die gesamte Dauer des Krieges heim. Die erste Epidemie gab es bereits 1614 in Elberfeld, ab da kam die tödliche Krankheit immer wieder. 1622 betraf sie Barmen, fünf Jahre später starben erneut Menschen an ihr. Auch 1630 stellte sie sich erneut ein, ein Jahr später folgte die Rote Ruhr, eine Krankheit, bei der der Dickdarm entzündet ist, so dass man Blut ausscheidet. 1630 starben allein in Elberfeld insgesamt 593 Menschen an der Pest.

Mit großer Wahrscheinlichkeit wurden die Krankheiten durch die Soldaten eingeschleppt, die sich im Wupperthal aufhielten. Darauf weist die zeitliche Nähe zwischen den ersten spanischen Soldaten in Elberfeld sowie im Kirchspiel Schwelm und dem Auftauchen der Pest im Jahr 1622 hin. Von Lennep aus drangen die Kaiserlichen Truppen bis nach Schwelm vor und blieben dort bis 1630. Die Truppen kämpften im Wupperthaler Gebiet zwar nicht, doch mussten sie von den Einheimischen einquartiert und versorgt werden. Dieser Umstand führte zu weiteren sozialen und wirtschaftlichen Problemen. Das zeigte sich etwa im Westen der heutigen Stadt. In Sonnborn standen bereits Mitte der 1620er Jahre viele Höfe leer und waren verwüstet. Ursache dafür waren umherziehende Soldaten, die ohne Sold auf der Suche nach verwertbarer Beute waren. Neben Plünderungen, Bränden und Raub schreckten sie auch nicht vor Mord und Vergewaltigungen zurück.

Auch das Rittergut Hammerstein war durch solche Umstände 1626 leer und verwüstet. Durch ein fehlendes Dach war der Regen eingedrungen und hatte auch die Etagenböden zerstört. Die Fa-

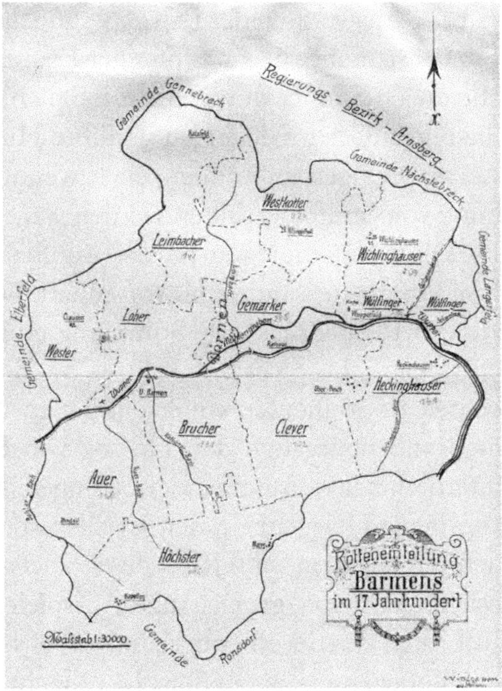

Rotteneinteilung Barmens im 17. Jh. (Sammlung Stadtarchiv Wuppertal)

milie Hammerstein verließ im Laufe des 17. Jahrhunderts Wupperthal, was wohl auch mit dem Zustand des Hauses zu tun gehabt haben mag.

Die sich im protestantischen Wupperthal aufhaltenden katholischen Truppen hatten aber nicht bloß die Aufgabe als Soldaten in Erscheinung zu treten. Der katholische Landesherr bat auch darum, die Gelegenheit zu nutzen und etwa Elberfeld wieder katholisch zu machen. Dabei wurde weniger auf Argumente als auf das Mittel gesetzt, das man am ehesten von Soldaten erwarten durfte: Gewalt. Sonderlich erfolgreich und wohl auch wirklich motiviert waren die Einsatzkräfte dabei nicht. So wurde zwar 1629 die Kirche gestürmt und die beiden Pfarrer aus den Pfarrhäusern vertrieben. Aber dieses Ereignis hinterließ keine dauerhaften Spuren. Es stellte jedoch ein großes temporäres Problem dar. Denn gleichsam mit der Ausweisung der Pfarrer wurde die reformierte Kirche ihrer Bücher beraubt, die ein Opfer der Flammen wurden. Ein Ausweichen nach Sonnborn war nicht möglich, einzig in Barmen fanden die reformierten Gläubigen und ihre Hirten ein Obdach, um dort weiter predigen zu können, auch wenn ihnen dies unter Androhung von Strafen verboten worden war.

Diese Situation war für das wohlhabende Herzogtum Jülich-Kleve-Berg alles andere als vorteilhaft. Durch die Auseinandersetzungen, die bedrückende Stimmung und die dadurch entstandene wirtschaftliche Situation kam es zu Einbußen, die letztlich die beiden Kontrahenten einlenken ließen. Denn für den Kurfürsten in Brandenburg und den Herzog von Pfalz-Neuburg waren die internationalen Auseinandersetzungen in erster Linie eine willkommene Gelegenheit, den jeweils anderen zu schwächen. Da in den vergangenen zehn Jahre dieses Ziel aber nicht erreicht worden war, sollte dieses gegenseitige Ausspielen durch fremde Truppen zu Lasten der Bevölkerung nun vorbei sein.

So begannen die 1630er Jahre recht ruhig. Die gemeinsamen Herrscher des Vereinigten Herzogtums schlossen 1631 einen Vergleich, der die Lage in der Region entspannen sollte. Doch nun war es der außerhalb des Bergischen stattfindende Verlauf des Krieges und seine internationale Beteiligungen, die den geschlossenen Vergleich unterliefen. Der Schwedenkönig Gustav Adolf mischte sich in den Krieg im Herzen Europas ein und schickte sich an, seine Truppen auch in das Wupperthal und seine Nachbarregionen zu schicken. Es dauerte daher nicht lange bis schwedische Soldaten auch in Barmen, Elberfeld und vor allem Beyenburg ankamen.

Bedingt durch die schwere Lage der 1620er Jahre war man zumindest in Barmen geneigt, die Unterbringung der Soldaten nun besser zu organisieren. Über Radevormwald und Beyenburg kamen die schwedischen Truppen unter General Baudessin 1634 in Barmen an. Das Barmer Gebiet wurde daraufhin durch Richter Caspar Eßgen in 12 Rotten aufgeteilt, die eine gleichmäßige Verteilung der Soldaten garantierten. Diese Einteilung orientierte sich an bereits vorhandenen Weilern und Hofgemeinschaften und blieb so für die Barmer Verwaltungsgeschichte zum Teil bis heute wichtig. Die damals eingeführten Grenzen bilden in Teilen noch heute Bezirks- oder Wahlgrenzen. Sichtbar wird dies etwa bei der Wichlinghauser Rotte, der Wülfinger Rotte im Gebiet der heutigen Berliner Straße, der Heckinghauser Rotte, der Loher Rotte oder auch der Höchster Rotte, die an der Grenze zu Ronsdorf lag.

Das Modell dieser Einteilung erwies sich als so erfolgreich, dass Elberfeld es 10 Jahre später übernahm. Dort aber verschwanden die Rotten recht schnell wieder. Denn im Vergleich zu Barmen waren sie dort nicht aus vorhandenen Gemeinschaften gegründet worden, sondern künstliche Verwaltungseinheiten, was sich schon an den Namen zeigt. Fürther und Distelbecker Rotte bildeten ebenso eine Einheit wie dies Arrenberger und Steinbecker Rotte taten. Einzig die Katernberger Rotte, Pickertsberger Rotte und die Uellendahler Rotte orientierten sich am Barmer Modell. Den Gipfel der nur zwangsweise miteinander verbundenen Einheit stellte in Elberfeld die Mirker-Wüstenhoffer-Dorenberger Rotte dar, in der drei kleine Einheiten zusammengefasst wurden.

Man könnte vermuten, dass die Schweden, anders als die spanischen Truppen, aufgrund ihrer protestantischen Konfession weniger Probleme machten. Doch Soldaten bleiben Soldaten und diese benahmen sich im 30jährigen Krieg, egal welcher Konfession sie angehörten, oftmals entgegen aller Ordnung und Sicherheit. Das galt besonders, weil der langanhaltende Krieg mehr kostete, als dass er einbrachte. Die Einquartierung der Soldaten in Barmen und Elberfeld hatte, bedingt durch das Rottensystem zwar eine gewisse mäßigende Regulierung angenommen, war aber noch immer eine schwere finanzielle Belastung der durch den Krieg und die anderen erwähnten Katastrophen gebeutelten Bevölkerung. Lebensmittel wurden knapp und so kann es nicht überraschen, dass die schwedischen Soldaten ihre ausstehende Besoldung selber in die Hand nahmen. Wieder war es Sonnborn, das zum Schauplatz eines solchen Ereignisses wurde.

Das Jahr 1635 war erst drei Tage alt, als Männer aus Lüttringhausen und Radevormwald eine Fuhre Futterhafer nach Düsseldorf bringen wollten. Da die Obrigkeit von großen Problemen ausging, war die Gruppe durch Amtsschützen gesichert. Ihr Weg führte an Sonnborn vorbei. Von Norden drangen 60 Soldaten, die in Kettwig einquartiert waren, vor und überfielen den Transport. In den zwei Stunden, die der Überfall dauerte, wurden zahlreiche Transportwagen zerschlagen, die Amtsschützen entwaffnet und ihre Waffen mitgenommen sowie zahlreiche Transporteure verprügelt, einer durch einen Schuss ins Bein verletzt. Der Vorfall blieb nicht ohne Folgen. Die Düsseldorfer, für die der Hafer gedacht war, warfen den Offiziellen von Elberfeld und Barmen vor, keine Hilfe geleistet zu haben. Auch an den Kommandanten der Schweden in Kettwig ging ein Schreiben, in dem man ihn aufforderte, die an der Tat beteiligten Soldaten zu bestrafen.

Mit der Einquartierung der Schweden war der Höhepunkt des Krieges im Wupperthal erreicht. Von diesem Zeitpunkt an wurden die Ausschreitungen weniger – von einigen Spitzen in den späten 1630ern und den 1640ern Jahren abgesehen. So gab es 1637 einen Einfall der kaiserlichen Truppen in Elberfeld und fünf Jahre später kehrten diese unter Johann de Werth mit 2000 Soldaten zurück, um diesmal in Barmen Häuser und Hofe zu plündern. Ein letztes Mal zogen Truppen nach dem Ende des Krieges durch das Tal der Wupper, als 1649/50 die Schweden durch Barmen nach Hause zogen.

V. Leben verändert sich – Der Krieg und seine Folgen für die Gesellschaft

Die lange Dauer des Krieges hatte aber nicht nur Auswirkungen auf die Moral der Soldaten, auch die einfachen Bürger verrohten mehr und mehr – zumindest dann, wenn man den Kirchenbüchern aus Barmen und Elberfeld glaubt. Diese wimmeln von Vermerken, wie sehr die Sitten in Barmen und Elberfeld verrohten, wie Gewalt- und Alkoholexzesse zeigen. Menschen, die Hab und Gut verloren hatten, oder es sich schlicht nicht mehr leisten konnten, das Nötigste zu kaufen, gingen unter die Räuber.

Das darf nicht vergessen werden, wenn hier auf die Vergehen der so genannten Dönberger Buschknebler hingewiesen werden soll, die in der Pfingstnacht 1625 durch einen Brandanschlag die Barmer Amtsschule und mit ihr auch die Amstsstube zerstörten. Die Gründe für diesen Anschlag sind uns durch den ersten Barmer Historiker Sonderland vor Augen geführt worden. Bei den Buschkneblern handelte es sich um eine Räuberbande, die sich im Dönberger Wald eingenistet hatte. Von dort aus überfielen sie zunächst die Menschen am Dönberg selber. War ihnen die Obrigkeit auf den Fersen, konnten sie sich mit einem Sprung über den Deilbach schnell in den Bereich einer anderen Zuständigkeit flüchten. In Barmen war jedoch weitaus mehr zu holen als am Dönberg, so dass die Räuber sich nachts nach Barmen schlichen und dort Einbrüche verübten. Die Barmer Bürger wendeten sich an ihren Landesherren, der tatsächlich, trotz Krieg, einen Trupp abstellte und sowohl ganz im Norden Barmens als auch um die Amtsstube am Alten Markt herum eine Schanze, also einen Schutzwall, ausheben ließ, den er mit Wachposten bestückte. So war es möglich, die Räuberbande, die bis dahin noch namenlos war, zu dezimieren. Kriegsbedingt aber wurde der Trupp, der im Dezember 1624 seinen Dienst begonnen hatte, kurz vor Pfingsten wieder abgezogen. Die Räuberbande fiel daraufhin in der besagten Pfingstnacht in Barmen ein und setzte als Zeichen ihrer Macht das Schulgebäude in Brand.

Zudem nahmen sie Heinrich Werth gefangen und drohten, ihn zu erschießen, sollte sich ihnen jemand nähern, um ihn zu befreien. So zogen sie nach der kompletten Zerstörung des Schulhauses wieder in den Dönberger Busch, knebelten und misshandelten Heinrich und gaben ihn erst nach Zahlung eines Lösegeldes wieder heraus. Daher leitet sich auch der Name der Bande ab. Dieses erfolgreiche Modell konnten sie mehrfach wiederholen, bis sie dingfest gemacht wurden und zum Teil ihr Leben auf dem Schafott beendeten.

Das Modell, das die Dönberger Räuber anwendeten, war nicht einzigartig. Keine zehn Jahre später findet sich ein ähnliches Verhalten im Amt Wetter, zu dem Langerfeld gehörte. Hier aber waren es keine Räuber, die Bürger festsetzten, sondern die kaiserlichen Truppen. Diese entführten 1634 den Bürgermeister und den Rentmeister von Schwelm und setzen sie in ihrem Quartier im Schloß Hohenlimburg bei Hagen 22 Tage fest. Beide standen kurz vor der Hinrichtung, denn die kaiserlichen Truppen waren über die fehlenden Mittel zur Unterbringung der Soldaten enttäuscht und mehr als willig, das Geld zu erpressen. Ihr Plan ging auf. Die Adeligen im Amt Wetter boten 800 Reichstaler, um Bürgermeister und Rentmeister aus Schwelm zu retten. Schwelm und die ihm zugehörigen Gemeinden zahlten davon 400 Reichstaler. Diese Summe lässt sich bis in die Abgabenliste von 1634 nachvollziehen. Auch das Langerfelder Gut Grünewald wurde mir einem ¾ Taler herangezogen.

Das Schulwesen litt ebenso unter dem Krieg. Da Geld fehlte, konnten weder das Personal noch die Gebäude ausreichend finanziert werden, so dass zum Beispiel in Elberfeld zahlreiche kleinere Nebenschulen entstanden, in denen allerdings der Unterricht nicht im Sinne der Kirche erbracht werden konnte, auch war eine Oberaufsicht bei dieser Dezentralisierung nicht möglich.

In Ronsdorf finden sich Hinweise, dass im Zuge des Krieges kleine Hofschulen gegründet wurden, die auch lange nach dem Krieg noch existierten. Der Weg zur Schule war für viele Kinder wohl zu gefährlich geworden, so dass man diese im nahen Umfeld unterrichtete. So produzierte der Krieg ungewollt auch eine aus der Not geborene Unabhängigkeit von alten Strukturen. Die Schule am Heidt ist wohl möglicherweise ein Produkt dieser Emanzipationsbewegung.

In Nachgang zum Brand der Barmer Schule trug sich in Barmen dasselbe zu wie in Elberfeld und Ronsdorf, allerdings ein wenig kontrollierter. Die Schuloberen mieteten extra Räume für den Unterricht an. Die lutherischen Wichlinghauser jedoch, denen die reformierte Prägung der Amtsschule von jeher ein Dorn im Auge war, nutzten die Gelegenheit und eröffneten, eventuell durch Mitwirkung der Schwelmer Kirche, ihre eigene Schule auf ihrem Markt. Das Gebäude bot viel Platz, so dass die schwedischen Soldaten in den 1630er Jahren hier jeden Sonntag den Gottesdienst feiern konnten. Die Wichlinghauser kamen hinzu, schon weil der Weg nach Schwelm in Kriegszeiten alles andere als sicher war. Auf diese Schulgottesdienste gründete sich im 18. Jahrhundert der Anspruch der Wichlinghauser, eine eigene Kirche haben zu wollen sowie die Gründung ihrer eigenen Gemeinde 1744.

Der Krieg hatte vor allem soziale Folgen. Durch die Auseinandersetzungen kam der Fernhandel nahezu zum Erliegen, was sich auf die Absatzmärkte für die Wuppertaler Bleicherei- und für die Cronenberger Metallprodukte negativ auswirkte. Die dort ansässige Verarbeitung von Metall von Sensen war schon recht alt, war aber erst 1600 durch das Sensenprivileg in einer Art Zunftsystem institutionalisiert worden. Da ein solches die Festlegung von Preisen und Menge vorsieht, damit Handwerker von ihrer Arbeit leben können, war der Krieg für den Absatz der Produkte ein riesiges Problem. Zumal im Laufe des 17. Jahrhunderts das heimische Eisen knapp und Nachschub aus anderen Regionen gebraucht wurde. Wer sich auf den Weg machte, dieses Material zu besorgen, konnte sich nicht sicher sein, ob er lebend zurückkam.

Wen wundert es da, wenn so mancher Cronenberger über eine Auswanderung nachdachte, zumal in Krisenzeiten die Restriktionen schärfer werden. Peter Eschbach etwa war wohl von den Bergischen Amtsleuten dieser Zeit so genervt, dass er seinen erst 1609 erworbenen Hammer 1621 veräußerte und nach Dänemark zog, um dort seinem Handwerk nachzugehen.

Aber nicht nur in Cronenberg kam es im Zuge des Krieges zu

Wegzug. Auch in Barmen war dies der Fall. Das geht aus Steuer- und Abgabenlisten der Jahre des letzten Kriegsjahrzehnts hervor, in denen auch leerstehende Höfe und Häuser aufgelistet werden. Außerdem erfährt man, dass es im Bereich Barmen noch 17 Pferde gab. Diese verteilten sich auf insgesamt 62 Güter, von denen 1641 ganze elf verwüstet waren und daher mitunter leer standen.

Ihre ehemaligen Besitzer waren vor den Soldaten geflohen, andere traten in den Militärdienst ein und verließen Frau und Familie. Letzteres ist sowohl für den Hof Albert Cleffs in Heckinghausen, der von seinem Besitzer Johann Dalman für den Kriegsdienst zur See verlassen wurde, als auch für das Gut Dickten belegt, das leer stand, weil der Besitzer als Soldat in Diensten des Herzogs als „Ihr Dhlt. Soldat" diente. Auch das angrenzende Hatzfeld stand leer. Beide Güter lagen an der Straße, die über den Einerner Hochrücken verlief. An dieser Straße befanden sich auch die Güter Mollenkotten, Ellinghausen, Stahlsberg, sowie der Nächstebrecker Busch und die Güter des Hofes Einern. Auch diese Höfe lagen in den 1640er Jahren wüst. Vermutlich wurde diese Straße von Soldaten genutzt, um die naheliegenden Höfe zu plünderen. Als 1645 eine Bestandsaufnahme der Güter im Gogericht Schwelm durchgeführt wurde, zeigte sich, dass 16 Prozent der Höfe in Nächstebreck unbewohnt waren, sieben der 43 Güter waren zerstört. Neben den genannten gehören dazu auch das Gut auf dem Nächstebrecker Berg, das Gut Blumenroth sowie der Hof Weuste.

In diesen Listen zeigen sich daneben zusätzlich die Besitzerwechsel von Höfen. Unklar ist, ob jeder dieser Besitzerwechsel durch den Krieg bedingt ist oder ob ein langer Zeitraum fehlender oder nicht wirklich funktionierender Verwaltung in den Ämtern des Wupperthals die Besitzerwechsel erst nach dem Krieg wirklich feststellen konnte. Das zeigt sich etwa am Beispiel Konrad Klingholzes, dessen Familie zwar schon seit dem frühen 16. Jahrhunderts auf dem Langen Gut Kemna, heute Hilgershöhe, wohnte, aber in dem Verzeichnis so behandelt wurde, als ob er dort erst seit kurzer Zeit lebte, denn der Name des Gutes im Verzeichnis ist klar mit Lange Kemna gekennzeichnet, also mit dem Namen des Vorgängers Lange.

Tatsächlich aber ist es sehr wahrscheinlich, dass die zahlreichen Wechsel des Besitzes mit der schlechten finanziellen Situation der ursprünglichen Belehnten zu tun hatten. Ein Beispiel des Jahres 1642 macht dieses sehr deutlich. Zum damaligen Zeitpunkt muss Johann Beckmann in der Leimbach, dessen Gut zu Unterbarmen und damit in die Rechtssprechung des Amtes Elberfeld gehörte, bei den Armenprovisoren in Elberfeld sein Gut Riescheid für 150 Reichstaler verpfänden, um seinen Lebensunterhalt zu sichern. Er konnte dieses Pfand nicht wieder einlösen, denn in der zweiten Hälfte des 17. Jahrhunderts gibt es mit Rotger vom Scheidt (Leimbach), Johann Wortman und Melchior (Riescheid) drei neue Hofbesitzer in dieser Gegend. Die Höfe waren noch zu Beginn des 17. Jahrhunderts äußerst prosperierende Garnbleichereien gewesen, die sich entlang des Leimbachs, dessen Name sich in der Volksetymologie vielleicht auch deshalb vom Leinen, das dort gebleicht wurde, ableitet, erstreckten. Durch den Krieg jedoch fielen die Absatzmärkte etwa in die Niederlande weg, zu denen die Händler, gerade auch vom Leimbach, bereits seit dem späten 16. Jahrhundert gute Beziehungen pflegten.

Auch weiter östlich kam es zu vielen Wechseln. Ein bisher nicht bekanntes Gut Schwanke eines Alckens, das in Wichlinghausen gelegen hat, wechselte auch den Besitzer, der 1641 Melchior im Beiershauß hieß. Auch das Westkotten hatte den Besitzer gewechselt. Dieser wurde Peter Beckmann. Das Gut Klingelholl wechselte ebenfalls im Anschluss an den Krieg den Besitzer, nachdem der eigentliche Herr dort seinen Onkel an der Kemna beerbt hatte.

Das Gut an der Wiesche im Osten Wichlinghausens veränderte sich durch Verkauf 1665. Die Verkäufer waren die Eheleute Kohl, die das Gut, das 1606 noch einem Hänsgen an der Wiesche gehörte, wohl im Krieg oder kurz danach gekauft hatten. Zwanzig Jahre später verkaufen die Eheleute Kohl dieses Gut an einem Mann mit dem Namen Engel im Kampe.

Ähnliches gilt für das heute nicht identifizierbare Stephans Gut. Auch dieses im Bereich Wichlinghausen befindliche Gut muss nach dem Krieg den Besitzer gewechselt haben. Gehörte es vorher einem Stephan oder Steffen, ist es 1666 ein Röttger Siebel, der mit dem Gut belehnt wird. Hier ist also eine kriegsbedingte Übernahme eines bis zum Zeitpunkt der Belehnung leerstehenden Gutes möglich. Auch beim Gut in der Tütersburg lässt sich ein solcher Besitzerwechsel vermuten. Das Gebäude wurde wohl 1597 von dem Namensgeber Peter Tüter bewohnt, ist aber 1671 im Besitz eines Anton Langerfeld, der das Gut von dessen Nachfahren übernommen hatte.

Wenn der Verkauf oder auch die Verpfändung der Güter, bei denen es sich vornehmlich um einstmals einträgliche Bleichereien handelte, ein Zeichen für den hohen wirtschaftlichen Schaden ist, den der Krieg anrichtete, so muss die Grenzregion zwischen Barmen und Nächstebreck, die eben auch die Verwaltungsgrenze zwischen den beiden konkurrierenden Nachfolgern um das Herzogtum war, besonders gelitten haben.

Ein Zeichen dafür sind die zahlreichen Burgen, die es nördlich von Wichlinghausen gegeben haben mag. Die Straßennamen Tütersburg, Müggenburg, Schimmelsburg, Lahmburger Straße und Schrubburg zeugen noch heute davon. Natürlich handelt es sich bei diesen Burgen nicht um stattliche Ritterburgen, aber um Teile von Festigungseinrichtungen, wie sie für abgelegene Bauernhöfe durchaus nicht unüblich waren. Zäune und Mauern mit kleinen Toren und Türen boten in Friedenszeiten einen guten Schutz vor Räubern und anderen Eindringlingen. In Kriegszeiten aber mussten andere Mittel zur Verteidigung gefunden werden. Ein Mittel dafür war das Errichten von Bauernburgen, die bereits im späten Mittelalter als ein probates Mittel für einen solchen Einsatz galten. Im 30jährigen Krieg setzen die Erbauer dabei nicht auf massiven Stein, sondern auf Fachwerk. In den Bauernburgen konnte man sich und seine Familie sowie ein paar Habseligkeiten verschanzen, während der Hof selber durch umherziehende Soldaten geplündert wurde. In ruhigeren Zeiten war eine Nutzung der Burgen als Korn- oder Garnkammer möglich.

Der Bau einer solchen Burg war mit erheblichen Kosten verbunden, was bedeutet, dass die Erbauer nicht unvermögend gewesen sein durften. Wenn demnach die Mitglieder der Familie Schrubb, wie es in den Schwelmer Kirchenbüchern zu sehen ist, gegen Ende des 17. Jahrhunderts ein Armenbegräbnis erhalten, dann zeigt sich darin, wie sehr die Güter durch den Krieg in Mitleidenschaft gezogen wurden. Auch das Gut Schimmelsburg, gilt bis in das 18. Jahrhundert hinein als eines der ärmsten Güter in Barmen, muss aber vor dem Krieg in der Lage gewesen sein, einen solchen Fachwerkbau zu errichten. Durch die fehlenden Mittel konnten die Besitzer ihre Bauernburgen nicht mehr reparieren, die durch den Einsatz im Krieg in Mitleidenschaft gezogen worden waren. So verfielen sie und verschwanden schließlich, lediglich ihre Namen blieben erhalten.

VI. Fazit

Herfried Münkler betrachtet in seinem Buch zum 30jährigen Krieg auch in der geistesgeschichtlichen Rückschau der Deutschen. Vor allem im 19. Jahrhundert galt er als ein Ereignis, das die deutsche Geschichte maßgeblich beeinflusste und die Deutschen als Volk traumatisierte.

Die Bedeutung dieses Krieges ist daher auch nicht für das Wupperthal und das Bergische Land zu unterschätzen, war es doch einer der Gründungsväter des Bergischen Geschichtsvereins, Pfarrer Karl Krafft, der sich in den 1860er Jahren und darüber hinaus intensiv für die Erforschung dieser Zeit einsetzte.

Es ist erstaunlich, dass das Wissen über diesen Krieg verschwunden ist. In den Schullehrbüchern findet dieser Krieg keine bis kaum Erwähnung, obwohl er ein Ereignis war, das die Gesellschaft erschütterte. Auch dort, wo er nicht auf Schlachtfeldern ausgetragen wurde, hatte er wirtschaftliche, politische und kulturelle Folgen, die für den weiteren Verlauf der Entwicklung entscheidend waren – auch hier im Wupperthal.

Literatur:

Böhmer, Emil: Beiträge zur Geschichte der von der Recke-Volmesteiner Lehngüter, in: Langerfeld im Wandel der Jahrhunderte, Hefte 7, Wuppertal 1961.

Dabringhausen, Gerhard: Heckinghausen. 1300 Jahre an der Grenze zwischen Rheinland und Westfalen, Wuppertal 2012.

de Bruyn-Ouboter, Hans-Joachim: 1200 Jahre Barmen. Die Stadtgeschichte, Wuppertal, 2008.

Helbeck, Gerd: Beyenburg. Geschichte eines Ortes an der bergisch-märkischen Grenze und seines Umlands, Bd.1, Schwelm 2007

Helbeck, Gerd: Nächstebreck, Wuppertal 1984.

Helbeck, Gerd: Schwelm. Geschichte einer Stadt und ihres Umlandes. Bd.1, Schwelm 1995.

Müller, Klaus: Das Herzogtum Berg von 1609 bis 1806, in: Das Bergische Land im Mittelalter, in: Gorißen, Stefan/Sassin, Horst/Wesoly, Kurt (Hg.): Geschichte des Bergischen Landes. Bis zum Ende des alten Herzogtums 1806, Bielefeld 2014.

Klugkist Hesse, Hermann: Elberfeld und seine Kirche im Mittelalter und im Dreißigjährigen Krieg, Kamen 2013.

Konrad, Günter: Ronsdorf in Vergangenheit und Gegenwart. Bd.1. Daten, Fakten und Bilder der früheren Stadt Ronsdorf und des heutigen Stadtteils von Wuppertal, Wuppertal 2015.

Quandt, Siegfried: Sozialgeschichte der Stadt Langenberg und der Landgemeinde Hardenberg-Neviges unter besonderer Berücksichtigung der Periode 1850 bis 1914, Neustadt an der Aisch 1971.

Metschies, Michael: Adelssitze, Burgen, Feste Häuser im Wuppertal, Wuppertal 1975.

Motte, Wolfgang: Kriegsereignisse und Ortsgeschichte. Radevormwald im Dreißigjährigen Krieg, in: Ehrenpreis, Stefan (Hg.): Der Drei-

ßigjährige Krieg im Herzogtum Berg und in seinen Nachbarregionen, Neustadt an der Aisch 2002.
Müller, Rolf: Dönberg, eine Kirchengemeinde am Rande, Wuppertal 1990.
Münkler, Herfried: Der Dreißigjährige Krieg: Europäische Katastrophe, deutsches Trauma 1618-1648, Rowohlt 2017.
Schäfer, Andreas/Johenneken, Udo (Hg.): Geschichte der Stadt Vohwinkel von Schulrat Ziegler, Wuppertal 2016.
Schnickmann, Heiko: Als schwedische Truppen anrückten, in: Westdeutsche Zeitung. General Anzeiger vom 26. September 2018, 16.
Schnickmann, Heiko: Vom sächsischen Hof zur Textilhochburg. Eine Geschichte Wichlinghausens, Remscheid 2015.
Sonderland, Vincent Paul: Die Geschichte von Barmen im Wupperthale, Elberfeld 1821.
Weigel, Andreas (Hrsg.): 950 Jahre Cronenberg. 400 Jahre Sensen-Privileg, Wuppertal 2000.

Glaube und Geld – Fromme Kaufleute im Wupperthal des 18. und frühen 19. Jahrhunderts

I. Der Blick von außen: Das Wupperthal als Teil des Bergischen Landes

Der Weltreisende und Revolutionär Georg Forster bereiste zum Ende des 18. Jahrhunderts den Niederrhein und hatte dabei auch Aufenthalt in Düsseldorf, das er als wesentlich schöner als Köln empfand. Die Bürger Düsseldorfs sowie des Bergischen Landes insgesamt seien freier und deswegen selbstständiger, könnten wunderbare Häuser und Prachtstraßen bauen und hinterließen so einen positiveren Eindruck, der sich für Forster nicht zuletzt in der öffentlich zugänglichen Gemäldegalerie zeigte, für die er nichts anderes als Bewunderung übrig hatte. Forster suchte nach einer Erklärung für diesen glücklichen Zustand und findet diese schließlich.

> *„Die ganze Kunst besteht darin, dass der Regent sich der verderblichen Spiegelfechterei, die man gewöhnlich, obwohl mit Unrecht, regieren nennt, zu rechter Zeit zu enthalten wisse, und sein Volk mit den gepriesenen Regentenkünsten verschone, worauf sich mancher so viel zu gute tut, und womit er sich das Ansehen der einzigen Seele in der großen Staatsmaschine gibt. Es gehört ein entschiedenes Maß von gutem Willen und ein etwas seltener, selbst bei guten Menschen, wenn sie Macht in Händen haben, ungewöhnlicher Grad der Selbstverleugnung dazu, um nicht zur Unzeit wirken zu wollen, und sich lediglich darauf einzuschränken, die Hindernisse aus dem Wege zu räumen, welche der freien, willkürlichen, unbedingten Tätigkeit eines jeden Bürgers im Staate entgegen stehen. Die Einsicht des Regenten sei noch so vortrefflich; sobald er es nach derselben ver-*

sucht, die Menschen auf einem Wege, den sie selbst sich nicht wählten, vor sich hinzu treiben: sobald erfährt er auch, dass die eigenen Lebenskräfte in seiner Staatsmaschine stocken oder schlafen, und die Wirkung schlechterdings nicht hervorbringen, die erfolgt sein würde, wenn er nicht den verwandten Geist in jedem seiner Brüder verkannt und zu einer ungeziemenden Knechtschaft verurteilt hätte."

Kurz: Forster beschreibt das Bergische Land als einen Hort dessen, was man heute als neoliberales Paradies beschreiben würde. Wenig Staat, viel Freiheit für den einzelnen Bürger und dem Land geht es gut.

Man darf zurecht fragen, ob Forster weiß, wovon er spricht. Immerhin unterstellt er einem Kurfürsten, dass er nicht regiert, mithin nicht handelt und so quasi durch bloßes Nichtstun das Beste für die Bevölkerung herausholt. Aus der Passage stellen sich zunächst zwei zu überprüfende Fragen. Zum einen soll der Frage nachgegangen werden, ob das Bergische Land zum Ende des 18. Jahrhunderts tatsächlich so wohlhabend war, wie Forster es beschreibt, zum anderen muss geschaut werden, ob dieser eventuell vorhandene Reichtum auf eine Politik des Nichteinmischens Karl Theodors zurück zuführen ist. Zunächst soll die zweite Frage behandelt werden.

II. Ein (neo-)liberales Paradies? Staatliche Einflussnahme im Bergischen Land

Das Bergische Land war, obwohl Teil eines großen Herrschaftskomplexes, der über die Pfalz bis nach Bayern reichte, ein unabhängiges Staatengebilde mit eigener Finanzverwaltung. Dieser Umstand erlaubt es, dass es Quellen gibt, auf die zurückgegriffen werden kann, um ein einigermaßen scharfes Bild vom Herzogtum zum Ende des 18. Jahrhunderts zu bekommen.

Das Herzogtum Berg war ein recht dicht besiedeltes Gebiet. Auf seinen knapp 3200 qkm wohnten etwa 265.000 Einwohner, was in etwa einer Bevölkerungsdichte von 83 Menschen pro Quadratkilometer entspricht, in den beiden bevölkerungsreichen Regionen Düsseldorf und der Textil- und Metallregion Barmen, Elberfeld, Solingen und Remscheid lag die Zahl bei etwa 150 Personen pro Quadratkilometer.

In diesen bevölkerungsreichen Regionen wurde produziert und gearbeitet. In der mittelbergischen Region der Städte Barmen, Elberfeld, Solingen und Remscheid waren in den ersten beiden Textilien das Hauptprodukt, in den beiden letzten Metallverarbeitungen. Ein großes Manko war bis zum Ende des 18. Jahrhunderts dabei die Tatsache, dass die Verkehrsanbindung in andere Regionen nur sehr unzureichend funktionierte. Daher wurden die Straßen ab diesem Zeitpunkt ausgebaut. Neben großen Hauptverkehrswegen etwa zwischen Duisburg und Düsseldorf auch von der Region rund um das heutige Wuppertal ins Märkische hinein bzw. von dort bis nach Holland. Zur Refinanzierung solcher Straßenbauten wurden vereinzelt Mautstationen errichtet, wie ein Dokument aus Barmen zeigt, in dem eine innerstädtische Schranke erbaut wurde, an der die Nutzer jedes Mal bezahlen mussten.

Das wirft die Frage nach den Steuern auf. Während nach einer Hochrechnung 1735 das Doppelherzogtum Jülich-Berg noch etwa die Hälfte der Steuereinnahmen für die kurfürstlichen Kassen ausmachte, war deren Anteil 1776 sehr geschrumpft. Von den 1,795 Mio. Gulden kamen nur 235.000 Gulden aus Jülich-Berg, was einem Anteil von 13 Prozent entspricht. Dieser Umstand wird noch merkwürdiger, wenn man für das Jahr 1789 die Ausgabenseite betrachtet, die sich auf 654.000 Reichstaler belief. Trotz aller Schwierigkeiten, die ein Umrechnen mit sich bringt, zeigt sich recht eindeutig, dass die Einnahmen sanken, die Ausgaben aber stiegen. Bei diesen Ausgaben handelte es sich, wie gezeigt, nur bedingt um Investitionen in Infrastrukturprogramme, die sich eben refinanzieren mussten, sondern vor allem um Militärausgaben, das Gesandtschaftswesen und Schuldendienst.

Wie erklärt sich diese Diskrepanz, deren Existenz natürlich Versuche zur Folge hatte, das Steuersystem zu verändern? Hauptursache war die Tatsache, dass das Steuersystem nicht von den erwirtschafteten Einnahmen des Steuerzahlers abhing, sondern von dessen gesellschaftlichem Status. Die Landbevölkerungen hatten den Hauptanteil der Steuerlast über die Grundsteuer zu tragen, während die Stadtbewohner lediglich über indirekte Steuern, die vor allem der Stadtkasse und nicht etwa dem Landesherren zugute kamen, ihr Scherflein zu tragen hatten. Adelige und andere Lehnsherren sowie freie Güter waren zudem von der Steuer ausgenommen, so lange sie ihre Ländereien nicht verpachteten.

Betrachtet man nun die Bevölkerungsdichte und die Steuereinnahmen des Landesherrn, so zeigt sich klar, dass die Hauptlast seiner Steuereinnahmen bei der Bevölkerung lag, die in den ländlichen Gebieten wohnte, in denen die Wirtschaftskraft nicht so gedeihen konnte wie in den Ballungsgebieten mit ihrer Industrie. Hinzu kam die Tatsache, dass die Grundsteuer auf einem Dokument von 1596 datierte, ohne das es den realen Umständen angepasst worden war und auf der ständischen Gesellschaftsordnung beruhte. Diese hätte abgeschafft werden müssen, hätte man die Staatseinnahmen reformieren wollen. Dazu aber war der Kurfürst ebenso wenig bereit, wie die zahlreichen von der Steuerlast befreiten Adeligen in seinem Territorium. Diese schafften es im 18. Jahrhundert beständig, jede Art der Reform abzulehnen, da sie in der Organisation der Landstände sowohl im Bergischen als auch im Herzogtum Jülich vertreten waren und jede Reformbemühung von Seiten des Kurfürsten kritisierten. Diese Landstände waren eine in den Grundgesetzen des Herzogtums festgeschriebene Institution, die durch Gerichtsurteile des obersten Reichsgerichts geschützt und vom Kurfürsten Karl Theodor niemals in ihrem Bestehen angezweifelt wurde. Im Gegenteil, er hielt sich an deren Regeln, selbst wenn in Bayern und der Pfalz andere Gesetze galten.

Mit diesem Überblick ist die zweite Frage beantwortet. Karl Theodor war mitnichten ein Herrscher der Nichteinmischung und dennoch liegt Forster nicht ganz daneben, wenn er die Rolle des Staats in Form des Kurfürsten für das Bergische auf diese Formel bringt, denn immerhin: Karl Theodor wollte sich einmischen, konnte aber nicht. Tatsächlich war er ja mehr als geneigt zu regieren, er beugte sich dabei aber den vorhandenen Gesetzen, was seine Versuche, Reformen zu gestalten, erschwerte. Sein größter Opponent war dabei vor allem die bergische Ritterschaft in den Landständen, die ihm ihre Zustimmung verweigerte.

Auch einen Teil der Antwort auf die erste Frage nach den tatsächlichen Reichtumsverhältnissen im Bergischen Land ist mit dem vorangegangenen Überblick gegeben. Der Staat als solcher erhob zwar Steuern, diese wurden im Verlauf des 18. Jahrhunderts aber im Bergischen immer geringer. Der Staat also war nicht unbedingt reich. Wie aber sah das bei seinen Bürgern in den Städten aus?

III. Im Amsterdamer Hinterland? Handel und Gewerbe im Bergischen

Ein Bericht des Rentmeisters Johann Wülfing aus dem Jahr 1729 zeigt auf, wie es um den Reichtum im Bergischen bestellt war. Er berichtet aus der Freien Herrlichkeit Lüttringhausen, heute ein Teil der Stadt Remscheid:

> „... *die Mägde tragen sich allhier galant, so daß man schier keine Frau vor der Magd erkennen kann. Die Tag-Löhner pudern des Sonntags ihre Haare. . . Thee und Caffe ist allhier unter dem gemeinen Volck, daß auch viele Gelder dadurch verschwendet werden, gar gemein...*“.

Dieser Reichtum, der selbst die untersten Schichten erfasste, hatte seinen Ursprung in der Textilwirtschaft. Im späten 18. Jahrhundert waren von den 265.000 Menschen im Bergischen Land bis zu 40.000 Menschen in den Exportgewerben der Region, also vorwiegend in den Bereichen Textil- und Metallverarbeitung, tätig. Daneben betätigten sich einzelne auch noch in der traditionellen Hauswirtschaft.

Das Geschäftsmodell im Bergischen Land war zu diesem Zeitpunkt wie auch in anderen Regionen das des Verlagswesens. Im Bereich des heutigen Wuppertals war die Grundlage für dieses Verlagswesen die sogenannte Garnnahrung, ein im Jahre 1527 erteiltes Privileg, das es den Bewohnern der Gemeinden Elberfeld und Barmen gestattete, dass im gesamten Vereinigten Herzogtum nur auf ihrem Gebiet Bleicherei betrieben werden durfte. Davon ausgehend entwickelte sich eine facettenreiche Textilindustrie, die sich ab dem 18. Jahrhundert auch vermehrt um die Bandwirkerei erweitert hatte.

Ausgehend von kleinen Bleichereien, die sich entlang der Wupper und ihrer Nebenbäche angesiedelt hatten, gingen einige Bleicher dazu über, nicht mehr selber zu bleichen, sondern diese Arbeit von ihren Nachbarn machen zu lassen. Sie konzentrierten sich dabei vor allem auf den Vertrieb und bezahlten ihre Nachbarn für deren Arbeit. Da das Leinen im Wupperthal nicht heimisch war, wurde es aus dem Garnland rund um Braunschweig, Göttingen und Kassel ins Bergische geholt, dort weiter verarbeitet und dann über den Rhein in die Niederlande transportiert. Bereits zum Ende des 16. Jahrhunderts sind Händler aus dem Wupperthal in Antwerpen und Amsterdam belegt. Wie kam es dazu?

Begonnen hatte dieser Handel bereits früher. Zu Beginn des 15. Jahrhunderts waren einzelne Händler des Wupperthals noch in der Nähe ihrer Höfe unterwegs, so dass man ihre Spuren dort findet. Doch dort muss der Erfolg so groß gewesen sein, dass sie im Verlauf des Jahrhunderts immer weiter herumreisten. Hatten sie zuvor in Köln das Material gekauft, zu Hause veredelt und wieder nach Köln gebracht, so kauften sie es nun in Westfalen, Nordhessen und anderswo, um es in Frankreich, Brabant und Flandern zu verkaufen. Dieser Erfolg war es schließlich, der zum Garnnahrungsprivileg führte. Darin wurde bereits recht früh deutlich, dass im Wupperthal der gesamte Bereich der Textilverarbeitung beheimatet war. Neben Leinen gehörten auch Bänder, Spitzen, Posamente und anderes dazu.

Für die hier behandelte Zeit sind dabei zwei wichtige Neuerungen entscheidend, die ab dem frühen 18. Jahrhundert das Exportgeschäft veränderten. Zum einen begannen die Leinenweber mit der Verarbeitung von Baumwolle. Daraus wurde bis in das 19. Jahrhundert hinein das wichtigste Handelsgut des Wupperthaler Textilgewerbes. Zum anderen wurde die Verarbeitung von Seide angegangen. So war auf der einen Seite ein Massenprodukt, auf der anderen Seite ein Luxusprodukt entscheidend für die Textilbranche des Bergischen Landes.

Allerdings herrschte in den Betrieben chronischer Garnmangel, obwohl sehr viele Menschen mit der Herstellung ausreichender Mengen beschäftigt waren. So wurde bereits 1783 durch den Elberfelder Kaufmann Brügelmann bei Ratingen die erste mechanische Spinnmaschine errichtet, die Wasserkraft ausnutzen konnte. Nachahmer fand Brügelmann jedoch kaum, so dass in der technischen Entwicklung nicht der Grund gefunden werden kann, warum im Bergischen der Reichtum, den Forster beschreibt, vorhanden war.

Dennoch ist Brügelmann ein Indikator für die wirklichen Ursachen. Die sich über Jahrhunderte entwickelte Gängelung der Gewerbetreibenden wurde durch immer neue Wege probiert zu umgehen. Dass dies gelingen konnte, war dem Wettbewerb zwischen dem Herzogtum Berg und der Stadt Köln geschuldet. Letztere hatte durch das Stapelrecht die Möglichkeit, den Rheinhandel zu beschränken, was für das angrenzende Bergische Land ein Problem darstellte. So waren die Herzöge durchaus gewillt, Unternehmertum und unkonventionelle Gewerbeideen zu fördern, wie sie dies etwa mit den zehn Textilunternehmen machten, die sich ab

1714 nach Mülheim aufmachen konnten, und dort zu produzieren begannen.

Was die Landesherren antrieb, ist dabei klar. Es war die Aussicht auf höhere Steuern und Zölle und eine Schwächung Kölns, die ihnen mehr Macht gebracht hätte. Was aber war es, was die Kaufleute antrieb, solche geschäftlichen Risiken einzugehen?

IV. Fromme Kaufleute: Die Mentalität der Bergischen

Weiter oben wurde bereits kurz zusammen gefasst, wo der gesellschaftliche Ursprung der Kaufleute lag. Ausführlicher und besser fasste es der Schwelmer Pfarrer Friedrich Christoph Müller, ein Zeitgenosse Forsters, in seinen *Gedanken zum Unterschied über des Bergischen und Märkischem in Worte*:

> *„Darf z.E. der bemittelte Bauer treiben was er will, so legt er sich außer seiner Wirthschaft, auf allerlei Handlung und Verkehr – braut Bier, brennt Branntwein, legt einen Kramladen an usw. er findet, daß dies einträglicher sei, als das Feld zu bauen, und läßt deswegen seine Söhne die Handlung lernen. Diese denken noch weiter als der Vater, legen auf ihrem väterlichen Erbe Fabriken an, und der Bauernhof verwandelt sich endlich in ein kleines Dorf, dergleichen man im Bergischen, besonders in der Gegend von Remscheid, unzählige findet. Hat es ein Fabrikant so weit gebracht, daß er für seine eigene Rechnung fabriciert, so bringt er, wenn er seine Fabrikate in Holland oder auf den Messen verkauft, allerlei Speceren oder andere Waren mit zurück, verkauft sie, wann, wie und wo er will, und hat also doppelten Nutzen von seiner Reise.“*

Müller, der als Schwelmer Pfarrer und Kartograph bestens mit den Verhältnissen in der rheinisch-westfälischen Grenzregion vertraut war, erkennt zwei Dinge. Zum einen die Freiheit, die den Bergischen zusteht, und die oben durch die Konkurrenz zu Köln und durch das Einhalten von Gesetzen durch den Landesherren, erklärt wurde, zum anderen auch, dass die Bergischen diese Freiheit auch zu nutzen wussten. Dabei setzten sie zum einen auf eine gewisse Diversifikation ihrer Produkte, was das Geschäftsrisiko minimieren sollte, und zum anderen auf die Regeln des Marktes. Müller entgeht dabei aber die Frage nach dem Grund dafür, dass diese Freiheit so geschickt genutzt werden konnte. Wie also tickten diese Bergischen?

Der Arzt und Schriftsteller Johann Heinrich Jung-Stilling lebte und arbeitete von 1772 bis 1778 in Elberfeld. In seinem Werk *Henrich Stillings häusliches Leben* beschreibt er das Leben in Schönental, dass unschwer als das Wupperthal der 1770er Jahre identifiziert werden kann. War er anfangs dort sehr zufrieden und glücklich und als Arzt sehr begehrt, drehte sich zum Ende seines Aufenthalts dort das Blatt:

„Jetzt fand nun Stilling einen großen Unterschied im Betragen seiner künftigen Mitbürger und Nachbarn: seine pietistischen Freunde, die ihn ehmals als einen Engel Gottes empfingen, ihn mit den wärmsten Küssen und Segenswünschen umarmten, blieben jetzt von ferne stehen, bückten sich bloß und waren kalt; das war aber auch kein Wunder, denn er trug nun eine Perücke mit einem Haarbeutel, ehemals war sie bloß rund und nur ein wenig gepudert gewesen, dazu hatte er auch Hand- und Halskrausen am Hemd und war also ein vornehmer, weltförmiger Mann geworden. Hin und wieder versuchte man's mit ihm auf den alten Schlag von der Religion zu reden, dann aber erklärte er sich freundlich und ernstlich: er habe nun lange genug von Pflichten geschwatzt, jetzt wolle er schweigen und sie ausüben; und da er vollends keiner ihrer Versammlungen mehr beiwohnte, so hielten sie ihn für einen Abtrünnigen und zogen nun bei allen Gelegenheiten in einem liebevollen und bedauernden Ton über ihn los. Wie sehr ist diese Maxime dieser sonst so guten und

braven Leute zu bejammern! – ich gestehe gerne, daß die rechtschaffensten Leute und besten Christen unter ihnen sind, aber sie verderben alles Gute wieder durch ihren Hang zum Richten; wer nicht mit ihnen gerad eines Sinnes ist, mit ihnen von Religion tändelt und empfindelt, der gilt nichts, und wird für unwiedergeboren gehalten; sie bedenken nicht, daß das Maulchristentum gar keinen Wert hat, sondern daß man sein Licht durch gute Handlungen müsse leuchten lassen. Mit einem Wort: Stilling wurde von seinen alten Freunden nicht allein ganz verlassen, sondern sogar verleumdet; und als Arzt brauchten sie ihn fast gar nicht."

Man mag sich nicht vorstellen, dass eine solche Gesellschaft in der Lage wäre, wirtschaftlich zu handeln und doch ist es genau diese pietistische Gesinnung, die die Wirtschaft ans Laufen brachte.

Dass es einen Zusammenhang zwischen Religion und wirtschaftlichem Streben gibt, ist seit der Arbeit Max Webers *Die protestantische Ethik und der Geist des Kapitalismus* eine Binse. Tatsächlich war auch im Wupperthal der Calvinismus die führende Religion, seit sie sich von Elberfeld kommend im 16. Jahrhundert auch nach Barmen ausgebreitet hatte. Damit stellte das Wupperthal keine besondere Ausnahme dar. Im gesamten Bergischen Land war etwa die Hälfte der Bevölkerung katholisch, und je ein Viertel gehörte zur reformierten bzw. lutherischen Konfession, so dass die Region gemischt konfessionell war.

Eine solche Mischung findet sich auch im Wupperthal, allerdings in anderer Ausprägung. Denn trotz der Bemühungen der katholischen Landesherren durch die 1682 begonnene Missio Montensis, das Bergische zu rekatholisieren, blieben ihre Versuche im Wupperthal eher bescheiden. Im gesamten Barmen fanden sich in der Mitte des 18. Jahrhunderts etwa 350 Katholiken. Alleine das Barmen vorgelagerte Weilerdorf Wichlinghausen baute zur selben Zeit eine lutherische Kirche in der über 700 Menschen Platz fanden.

Calvinisten und Lutheraner prägten gemeinsam die Region des Wupperthals. Dabei griffen sie jedoch nur bedingt auf ihre jeweilige Konfessionen zurück. Wie Jung-Stilling schrieb, war man dort vorherrschend pietistisch. Darunter versteht man eine religiöse Bewegung des 17. Jahrhunderts. Ihr ging es im Wesentlichen darum, den Glauben des einzelnen Individuums (auch) außerhalb kirchlicher Institutionen zu stärken. Daher förderte sie eine Intensivierung des Umgangs mit der Bibel und den in ihr enthaltenen Regeln für das alltägliche Leben, verbreitete die Idee eines gelebten Priestertums aller Gläubigen und trat offensiv dafür ein, Pfarrer dahingehend auszubilden, dass sie näher am Glauben und am Leben orientiert waren.

Ein Mittel, dieses Ziel zu erreichen, waren Gemeindekreise, in denen die Bibel ausgelegt wurde, die als *collegia pietatis* bezeichnet wurden, also als fromme Gemeinschaft. Von diesem Wort leitet sich der Begriff der Pietisten und später der des Pietismus ab. Die einfachen Gläubigen aber auch zahlreiche Theologen vermissten im Intellektualismus der Reformation die Idee der Frömmigkeit und eine unzureichende Verwirklichung christlichen Lebens wie es sie im Katholizismus etwa mit der Mystik gegeben hatte. Ein wichtiger Teil der pietistischen Gedankenwelt zeichnet sich dadurch aus, dass die Theologen versuchten, eine Verbindung von christlicher Gemeinschaft und dem Gefühl der eigenständigen Individualität herzustellen. Unabhängig vom Pfarrer sollten die Gläubigen in die Lage versetzt werden, die Bibel zu lesen, auszulegen, eigene Schlüsse zu ziehen und umzuwandeln. Dabei war die Gemeinschaft der anderen Gläubigen genauso wichtig, wie die individuelle Erkenntnis.

Neben der praktisch-theologischen Arbeit ist vor allem das Element der Bildung ein entscheidender Faktor für die pietistische Bewegung. Ihre Arbeit am eigenständigen Individuum forderte innerhalb der Pädagogik ein am Schüler orientiertes Vorgehen. Inhaltlich war das Ziel des Unterrichts zweigeteilt. Auf der einen Seite bekam das Abfragen von Glaubensinhalten eine besondere Bedeutung, auf der anderen Seite, bedingt durch den Alltags- und Realitätsbezug der Bewegung, sollten Alltag und Lebensumwelt verstärkt unterrichtet werden. Das bedeutete eine Abkehr vom humanistischen Bildungskanon und eine Hinwendung zu Tugenden, die in der Arbeitswelt gebraucht wurden: Fleiß, Ordnung und wirtschaftliches Denken.

Der Komponist Felix Mendelsohn-Bartholdy brachte diese ablehnende Haltung gegenüber dem Humanismus und der mit ihm in Verbindung stehenden Künste wie folgt zum Ausdruck:

> *Man ist [in Elberfeld] von fatalen Exemplaren umgeben, Predigern, die jede Freude sich und anderen versalzen, trockenen, prosaischen Hofmeistern, die ein Concert für Sünde, einen Spaziergang für zerstreuend und verderblich, ein Theater aber für den Schwefelpfuhl, und den ganzen Frühling mit Baumblüthen und schönem Wetter für ein Moderloch ausgeben. Aber es nimmt sich in der Nähe noch schlimmer aus und kann einen ordentlich peinlich machen.*"

Diese Verbindung finden sich bei zahlreichen Kaufmannsfamilien des Bergischen Landes. Der wohl bekannteste Sohn der Stadt Wuppertal, der sozialkritische Philosoph Friedrich Engels, entstammte etwa einer solchen Kaufmannsfamilie. Sein Großvater Johann Caspar Engels war Mitinitiator bei der Gründung der Kirchengemeinde Unterbarmen. So ärgerlich Mendelsohn das Wupperthal auch empfunden haben muss, umso ansprechender waren die Auswirkungen dieser Verbindung von Glaube und Geld – gerade auch in Unterbarmen. Zwischen dem späten 18. und frühen 19. Jahrhundert ist das Wupperthal, das Jung-Stilling wohl nicht umsonst als Schönenthal bezeichnet, ein Ort zum Urlaub machen, wie der Schriftsteller Emanuel Geibel vermerkt:

> *„Am Sonntag Morgen weckte uns die frühe Pfingstmusik, wir griffen nach unseren Wanderstäben und zogen über die sonnigen Berge hinüber ins schöne Barmen, das in ruhiger Heiterkeit in seinen breiten grünen Thalgrunde liegt; eigentlich hatten wir nach Gemarke zu Krummacher in die Predigt gewollt, aber der Weg über den Wald-*

berg hatte uns zu lange aufgehalten. Und so setzten wir uns dann einer helle, zweigethürmten Kirche gegenüber unter eine hohe noch blühende Kastanie vor der Thür einer Bauernschenke und schauten uns bei einer Stange Bier die stattlich geputzten Leute an, die über die nahe Brücke wanderten, und horchten dem festlichen Glockengeläute, das von einem Ende des Thales zum anderen klang."

Bei dieser Kirche handelt es sich um die neu errichtete Unterbarmer Hauptkirche, die hier in einer romantischen Beschreibung erwähnt wird. Für den Bau der Kirche, wie auch für die Entstehung der Gemeinde Unterbarmen ganz allgemein, an deren Entstehung bis in die 1770er Jahre noch kein Gedanke verschwendet wurde, war die Familie Engels verantwortlich. Johann Caspar Engels stand darüber hinaus im regen Kontakt mit der fast schon als heilig verehrten Catharina Maria Lekebusch, deren Briefe an Engels überliefert sind. Diese den Barmern als tief gläubige und schwer kranke Frau bekannte Pietistin war eine Schülerin des Barmer Arztes Samuel Collenbusch.

Es lohnt sich diesen Samuel Collenbusch und seine Familie näher zu betrachten. Diese stammte aus dem Märkischen. Ein erster Vorfahr lässt sich um 1590 in Hagen als Henrich Kahlenbusch ausmachen. Die Familie zog dann in das Kirchspiel Schwelm, wo sie über hundert Jahre verblieb, da alle kirchlichen Handlungen dort vollzogen wurden. Der erste direkte nachweisbare Vorfahr von Samuel war Stefan Collenbusch, sein Großvater. Sein Sohn Johann Wilhelm heiratete nach Wichlinghausen ein, als er Anna Elisabeth Braus in der Schellenbeck zur Frau nahm. Eine Familie Braus findet sich bereits auf der Garnmeisterliste von 1606 mit vielen Mitgliedern, die allesamt aus Elberfeld stammten. Ein Zweig der Familie hatte sich im späten 17. Jahrhundert in Wichlinghausen niedergelassen und hatte ein Gut gekauft, das später als das Brausen Gut bekannt war. Auf einem Teil davon wurde später die Fachwerkkirche am Markt errichtet. Die Familie Braus waren reformierte Wichlinghauser, die aber mit den lutherischen

Wichlinghausern Ehen eingingen. Eine dieser Ehen war die zwischen Anna Elisabeth Braus und Johann Wilhelm Collenbusch, die 1713 in Schwelm geschlossen wurde und aus der drei Kinder hervorgingen. Neben Samuel, dem ältesten Sohn, waren dies die älteste Schwester Maria Katharina und der jüngere Sohn Johann Peter.

Durch die Verbindung mit der Familie Braus hatten die Collenbuschs Anteil an deren Vermögen und Handelsnetz, so dass auch Johann Wilhelm Collenbusch Kaufmann und Fabrikant wurde. Zu der Familie Hildebrandt Wuppermanns, dem Mitbegründer der Kirchengemeinde Wichlinghausen, bestanden zumindest wirtschaftliche Beziehungen, wie nicht nur eine spätere Hochzeit zwischen einer Enkelin Collenbuschs und einem Enkel Hildebrandts belegt, sondern die Protokolle des Hofgerichts Wichlinghausens, aus denen hervorgeht, dass auch Immobiliengeschäfte miteinander betrieben wurden. Die Collenbuschs gehörten demnach zu einer der vornehmsten Familien in Barmen, waren wirtschaftlich erfolgreich, kirchlich engagiert und bestens vernetzt.

In diese Familie wurde Samuel am 1. September 1724 hinein geboren. Während also die sozialen und wirtschaftlichen Umstände für den jungen Samuel gut waren, sah es für die genetischen nicht ganz so aus. Er war ein schwächliches Kind, das mit acht Jahren an den Pocken erkrankte. Diese Krankheit hinterließ nicht nur zahlreiche Vernarbungen auf seiner Haut, sondern griff zudem seine Augen an. Er war daher seit seiner Kindheit ein guter Zuhörer und hörte vor allem, wie sein Vater ihm schon recht früh aus der Bibel vorlas. Lernen fiel ihm schwer, so dass er erst mit neun Jahren lesen konnte. Collenbuschs Jugend war geprägt durch die Trennung der Kirchengemeinde Wichlinghausen von Schwelm und die Streitigkeiten zwischen den Oberbarmern, an denen sein Vater aktiv beteiligt war. Zudem ist diese Zeit für Collenbusch nach seiner eigenen Aussage eine Zeit des Zweifels und der Furcht vor Gott gewesen, die er durch die Arbeit mit Pfarrer Johann Peter Wülfing abwenden konnte. Der Vermutung Bernets, Collenbuschs nicht vollzogener Wechsel in das Lager der radikalen Pietisten, die eine komplette Loslösung von der Kirche wollten, sei „bloßer Zufall", ist daher entgegenzusetzen, dass die Erfahrungen, die er mit Separation auf der einen Seite und den kirchlichen Pfarrern auf der anderen Seite gemacht hatte, einen solchen Wechsel verhinderte.

Collenbuschs Berufswunsch zeichnete sich recht schnell ab. Pfarrer oder Arzt war seine Bestimmung. Da der zweite Sohn später als Fabrikant und Kaufmann den Familienbetrieb übernahm, war der Weg Samuels frei, diesen Wünschen nachzukommen. In Duisburg studierte er Medizin, wohin auch bald seine Familie zog. Hier erhielt Collenbusch Kontakt zu Gerhard Tersteegen, dem wohl bedeutendsten Pietisten des Rheinlands. Später wechselte Collenbusch zum Studium nach Straßburg, ließ sich aber nach erfolgtem Abschluss wieder in Duisburg nieder, wo er wenig erfolgreich einen eigenen Schmelzofen betrieb und später genauso erfolglos als Arzt praktizierte, da er seine Leistung umsonst anbot. Spätestens ab diesem Zeitpunkt war auch seiner Familie klar, dass Samuel für das Geschäft nicht gemacht war. Sie empfahlen ihm 1784, wieder nach Barmen zu ziehen und am Sauerbrunnen in Schwelm zu praktizieren. Erst in dieser Zeit ließ er sich mit einer Arbeit über die heilende Wirkung des Wassers eben dieses Brunnens in Duisburg promovieren, obwohl er schon vorher als Doktor in den Protokollen des Hofgerichts geführt wird.

In Wichlinghausen begann Collenbuschs theologische Arbeit. Sie zeichnet sich dadurch aus, dass er sich zunächst sowohl von lutherischen als auch reformierten Lehrsätzen löste. Erbsünde, Prädestination, also die Vorherbestimmung des Lebens, die Satisfaktionslehre, womit der Sühnetod Jesu am Kreuz gemeint ist und auch der Zorn Gottes waren ihm Auffassungen, die er strikt ablehnte. Alle seine Überzeugungen gewann er durch die Lektüre der Bibel, andere Werke nutzte er nicht. Die Erbsünde wurde von ihm dadurch als nicht vorhanden beschrieben, indem er mit Verweis auf Matthäus 6, 23 und Lukas 11, 35 erkannte, dass „was vom Fleisch geboren ist, noch ein Licht in sich [hat]". Gott selber besaß für ihn, verkörpert durch Jesus, eine untadelige Demut, die jede Art von Zorn und Stolz ausschloss.

Als Pietist, der sich vor allem mit „Gefühlsleben und Herzensbildung" beschäftigte, war ihm der Ansatz der Aufklärung, der ausschließlich auf Vernunft setzte, ein willkommener Widerpart. Die berühmtesten Schriften Collenbuschs sind daher auch die Briefe an Immanuel Kant, die der Philosoph aber nicht beantwortete. Interessant daran ist, dass Kant die Vorlesungen des Francke-Schülers Franz Albert Schultz in Königsberg hörte. Vielleicht war Collenbusch diese Verbindung über den gemeinsamen Lehrmeister ihrer beider Lehrer bekannt, als er Kant anschrieb, denn auch Wülfing hatte bei Francke studiert. Seine Briefe an Kant begann Collenbusch alle mit der Anrede „Mein lieber Herr Professor". So persönlich seine Briefe auch beginnen, so teilweise böse werden seine Texte. So ließ er am 2. Weihnachtsfeiertag 1794 an Kant schreiben, da Collenbusch seit 1791 vollkommen blind war:

> *„Herrn Kants Moral ist eine von aller Liebe ganz reine Moral. Nun entsteht die Frage: In welchen Stücken unterscheidet sich der Glaube der Teüfel von dem Glauben des Herrn Kants? - und in welchen Stücken unterscheidet sich die Moral der Teüfel und die Moral des Herrn P. Kants?"*

Kant war zum damaligen Zeitpunkt bereits eine anerkannte Autorität innerhalb der Philosophie. Collenbuschs Wortwahl zeigt klar, dass er nicht davor zurückschreckte, sich mit einer solchen auseinanderzusetzen. Neben der zitierten Einlassung Collenbuschs, probierte er jedoch nicht nur polemisch, sondern auch mit Argumenten an den Königsberger Professor zu appellieren, so schrieb er dem Autor der *Kritik der reinen Vernunft* auch: „Unsere unendlich kleine Vernunft kommt ganz unwissend aus Mutterleibe - Sie aber sprechen von der Vernunft als ob dieselbe eine Vielwissenheit mitbrächte aus Mutterleibe".

Dass Kant Collenbusch nicht antwortete, mag damit zu tun haben, dass es dem Philosophen unmöglich war mit dem Pietisten zu diskutieren. Eine der Grundvoraussetzungen des Pietismus ist, dass jede Art von Zweifel am Glauben als Unglauben bezeichnet wird, der wiederum nicht geduldet werden kann. Wenn Collenbusch daher in einem Aufsatz schreibt, dass der Glaube an Gottes Verheißung Gottesverehrung sei, der Unglaube aber Gottesverachtung, dann denkt er genau in diesem Schema. Zudem findet sich in seinen Schriften auch eine kritische Betrachtung der aufblühenden Wissenschaften, durch die man „keine Vergebung der Sünden", „keine übernatürlichen Kräfte zum göttlichen Leben und Wandel" und „kein eigentümliches, unvergängliches, unbeflecktes und unverwelkliches Erbgut im Himmel" erlangen könne. Kant und Collenbusch gehen von unterschiedlichen Ausgangspunkten aus, die eine fruchtbare Diskussion gänzlich unmöglich machte, was Collenbusch freilich nicht daran hinderte weitere sechs Briefe, insgesamt also acht, an Kant zu schreiben.

Als Collenbusch am 1. September 1803 starb, war er im gesamten Wupperthal verehrt. Sein Einfluss auf die Kirchengemeinde Wichlinghausen war so groß, dass man noch 1822 bei der Neubesetzung der Pfarrstelle, einen Pfarrer suchte, der der Theologie Collenbuschs entsprach. Dabei ging man so weit, dass man im lutherischen Wichlinghausen einen Bremer Pastor aussuchte, der reformiert war, aber Collenbuschianer. Der Pastor nahm dann die Stelle zwar nicht an, doch allein die Möglichkeit, zeigt, welchen Einfluss Collenbusch auf die Gemeinde ausübte.

Als Johann Wolfgang Goethe im Jahre 1774 als noch junger Autor nach Elberfeld kam, um seinen Studienfreund Jung-Stilling und die Brüder Jacobi zu treffen, die er in Düsseldorf verpasst hatte, überzeugte er sich von der Mentalität des Wupperthals. Er selber war in famoser Stimmung, dass sein Götz soeben uraufgeführt worden und der Werther im Druck war. Der Tag in Elberfeld war für Goethe durchaus fruchtbar, denn alle seine Vorhaben gingen in Erfüllung. Gegen Ende des Tages lud ihn Jung-Stilling zu einer Gesprächsrunde ein, an der einzelne Vertreter des Bürgertums des Wupperthals teilnahmen – darunter auch Samuel Collenbusch und der Orgelbauer Teschemacher. Stattfand dieses Treffen bei Anton Phillip Caspari, einem Kaufmann und Pietisten aus Elberfeld. Das Gespräch dauerte nur eine halbe Stunde. Man unterhielt sich zunächst über Literatur, was Goethe begeisterte. Er lief durch den Raum, argumentierte mit den Händen und hinterließ einen sicherlich ungewohnten Eindruck bei der anwesenden Gesellschaft. Als man dann aber recht fix zur Religion wechselte, verstummte der Autor und brach, in Anbetracht der Zeit, wieder nach Düsseldorf auf. Später schrieb er über das Wupperthal:

> *„[Das Publicum des Barmer Pfarrers Krummacher] besteht aus Fabricanten, Verlegern und Arbeitern, denen Weberei die Hauptsache ist. Sie sind in ihrem engen Bezirk als sittliche Menschen anzusehen, denen allen daran gelegen sein muß, daß nichts Excentrisches vorkomme, deßhalb denn auch von auffallenden Verbrechen unter ihnen kaum die Rede sein wird. Sie leben in mehr oder weniger beschränkten häuslichen Zuständen, allem ausgesetzt, was der Menschen als Mensch im Sittlichen, im Leidenschaftlichen und im Körperlichen zu erdulden hat. Daher im Durchschnitte viele kranke und gedrückte Gemüter unter denselben zu finden sind. Im Allgemeinen aber sind sie unbekannt mit allem, was die Einbildungskraft und das Gefühl erregt und, obgleich auf den Hausverstand zurückgeführt, doch für Geist und Herz einiger aufregender Nahrung bedürftig.“*

Damit fasste Goethe das Wesen des bergischen Wupperthals gut zusammen. Da das Bergische Land aber ein konfessionell gemischtes Territorium war, kann für den Bereich Düsseldorf, das vor allem katholisch geprägt war, nicht dasselbe gelten. Dennoch ist ein Teil der Düsseldorfer Kaufleute und Textilhandwerker, die ab 1777 in Düsseldorf Religionsfreiheit genießen und in den Jahren darauf in die Stadt ziehen, dem Protestantismus zugeneigt. Für das soziale Leben in der Stadt Düsseldorf war aber anders als im Wupperthal ein anderer Faktor entscheidend. Während im Wupperthal auch die städtische Administration aus den Reihen des Bürgertums kam und somit auch hier protestantisch-pietistische Mentalität an den Tag legte, so war in Düsseldorf die Beamtenschaft katholisch geprägt, das Wirtschaftsbürgertum der Stadt hingegen war wie im Falle des Wupperthals protestantisch. Eine Vermischung zwischen den Konfessionen gab es nur in Einzelfällen. Stattdessen wurde aus Düsseldorf hinaus geheiratet, was die Konfessionalisierung innerhalb Düsseldorfs noch verstärkte.

Die Tatsache, dass die städtische Oberschicht in sich nicht homogen war, führte zu einer Mischung der Interessen, so dass anders als im Wupperthal die Kultur in Düsseldorf einen anderen Stellenwert hatte. Hinzu kommt der Status der Stadt als Residenzstadt. Als solche war Düsseldorf auch eine Hochburg der Kultur, was die pietistischen Kaufleute durchaus geärgert haben mag. Ihre Steuern waren es schließlich, die dafür Verwendung fanden.

Literatur:

Augé, Friedrich: Samuel Collenbusch und sein Freundeskreis, Bd. 1 u. 2, Neukirchen o.J.

Bernet, Claus: Pietismus im Bergischen Land, in: Gorißen, Stefan/Sassin, Horst/Wesoly, Kurt (Hg.): Geschichte des Bergischen Landes. Bis zum Ende des alten Herzogtums 1806, Bielefeld 2014.

Collenbusch, Samuel: Aufsätze, Briefe und Tagebücher, hrsg, von Hermann Cremer, Stuttgart 1902.

de Bruyn-Ouboter, Hans-Joachim: 1200 Jahre Barmen. Die Stadtgeschichte, Wuppertal, 2008.

Dietz, Walter: Die Wuppertaler Garnnahrung. Geschichte der Industrie und des Handels von Elberfeld und Barmen 1400 bis 1800, Neustadt an der Aisch 1957.

Engelbrecht, Jörg: Das Herzogtum Berg im Zeitalter der Französischen Revolution. Modernisierungsprozesse zwischen bayrischem und französischem Modell, Paderborn u.a. 1996.

Hackenberg, Kurt 8Hg.): Poeten, Politiker, Philosophen und andere Virtuosen betrachten das Wuppertal. Literarische Zierleiste zu einem Stadtbild, Wuppertal 1955.

Knierim, Michael (Hrsg.): Geistliche Briefe an Johann Caspar Engels und seine Frau Louise, geb. Noot, 1798 – 1821. Zugleich ein Beitrag zum Collenbuschianismus im Wuppertal, Neustadt an der Aisch 1992.

Müller, Klaus: Das Herzogtum Berg von 1609 bis 1806, in: Gorißen, Stefan/Sassin, Horst/Wesoly, Kurt (Hg.): Geschichte des Bergischen Landes. Bis zum Ende des alten Herzogtums 1806, Bielefeld 2014.

Müller, Klaus: Unter pfalz-neuburgischer und pfalz-bayrischer Herschaft (1614-1806), in: Hugo Weidenhaupt (Hg.): Düsseldorf. Geschichte von den Ursprüngen bis ins 20. Jahrhundert. Bd. 2, Düsseldorf 1988.

Schnickmann, Heiko: „Die Kunst besteht darin, daß der Regent sein Volk mit Regentenkünsten verschone“. Wirtschaftspolitik und Mentalität im Bergischen Land des späten 18. Jahrhunderts, in: Georg-Forster-Studien XXII, Kassel 2018.

Schnickmann, Heiko: Vom sächsischen Hof zur Textilhochburg. Eine Geschichte Wichlinghausens, Remscheid 2015.

Epilog:
Aus Städten, Dörfern und Stadtteilen wird Wuppertal

Wie sehr die Industrialisierung das Leben der Menschen verändert hat, mag man sich heute kaum vorstellen, auch wenn öffentliche Denker und Intellektuelle wie der Philosoph Richard David Precht, der Film- und Ideologiekritker Wolfgang M. Schmitt oder der Soziologe Stefan Schulz nicht müde werden, auch die heutige Zeit als eine Zeit des Umbruchs zu bezeichnen, die einzig mit dieser gesellschaftlichen Revolution des 19. Jahrhunderts zu vergleichen ist.

Damals wie heute ist es in erster Linie die Technik, die Mittel und Wege schafft, Neues zu entdecken, Altes zu verändern oder, wenn es sich nicht verändern lässt, abzuschaffen. Die Industrialisierung profitierte von der Dampfmaschine, die körperliche Kraft durch maschinelle ersetzte. Ihr Einsatz erlaubte die Produktion und den Transport von Kleidung, Metallen und auch Lebensmitteln in großer Zahl in schneller Zeit. Die damit einhergehende Geschwindigkeit sorgte für Aufstieg und Fall von Moden, Stilen und Ideen. Was vorher als ein Luxusprodukt angesehen wurde, war plötzlich für viele erschwinglich, die es sich kauften, weil die Oberschicht es besaß. Die Imitation der Elite, so hat es der Philosoph Georg Simmel vor 100 Jahren beschrieben, ist ein normaler sozialer Prozess, der wiederum dazu führt, dass die Elite sich selber ändert, da sie durch diese Nachahmung ihres Stils sich nicht mehr vom Rest der Gesellschaft abheben kann. Doch was die Elite tut, dem folgen auch die anderen nach und so entsteht eine Spiralbewegung von Abschottung und Imitation.

War die Verzierung der Wohnhäuser vorher denjenigen vorbehalten gewesen, die Geld dafür hatten, solchen unpraktischen Schmuck an das Haus anzubringen, gab es um das Jahr 1900 herum ganze Industriezweige, die diesen Schmuck schnell und so günstig herstellten, dass Wohnhäuser mit ihrer Katalogware ausgestattet wurden. Wir stehen heute vor diesen ein Jahrhundert alten Häusern der Elberfelder Nordstadt, in Wichlinghausen oder Unterbarmen und staunen darüber, wie viel schöner dieser Jugendstil ist, verglichen mit den glanzlosen Häusern in den Neubaugebieten unserer Stadt.

Die Geschwindigkeit und die Masse an Material sind es, was die Gesellschaft im 19. Jahrhundert prägte – ohne dass die einzelnen Menschen selber darauf gefasst waren. Die Ambivalenz dieser Zeit lässt sich heute noch aufzeigen. Denn während wir auf der einen Seite die Häuser des Jugendstils bewundern, entstanden gleichzeitig auch ganz andere Häuser. Während der Jugendstil neue Wege ging und dabei Altes neu interpretierte, bunt zusammenwürfelte und manchmal in seiner Ausschmückung von Gebäuden absolut übertrieb, finden sich mit dem Bergischem Barock und dem Historismus zwei Stile, die in ihren ideellen Wurzeln auf die Vergangenheit schauen und diese imitieren. So sieht man zwischen den vielen Jugendstilhäusern des Wupperthals vereinzelte Fassaden wie in der Oberbarmer Sonntagsstraße, die nicht ohne Grund an die alten Patrizier- und Handwerkerhäuser mittelalterlicher Städte erinnern oder Häuser, die obwohl um 1900 gebaut, so aussehen, als wären es Fachwerkbauten aus der Zeit des späten 18. Jahrhunderts, wie sie vereinzelt in der Elberfelder Nordstadt zu finden sind.

Nicht nur die Wohnhäuser des Wupperthals spiegeln dieses doppelte Denken wieder. Am eindringlichsten sieht man das in den vielen Kirchen des Tals. Kaum eine Kirche hat tatsächlich mittelalterliche Wurzeln und doch wirken fast alle so, als hätte der Kölner Dombaumeister Meister Gerhard mit Hand angelegt – gerade auch bei den evangelischen Gebäuden. Neugotische Fassaden, an der evangelischen Kirche in Vohwinkel, der Immanuelskirche in Oberbarmen oder auch der reformierten Kirche in Ronsdorf wecken Erinnerungen an die alten kleinen Dorfkirchen jener Zeit, in der die Gemeinschaften klein, die soziale Ordnung noch überschaubar und das Leben insgesamt einfacher gewesen sein soll.

Diese durch die Ideen der Romantik, jener Jugendbewegung des frühen 19. Jahrhunderts, die die Natur, die Geschichte und die Heimat für sich entdeckte, geprägte Vorstellungswelt stieß auf die schnelle, technisch aufgerüstete Realität der nicht zögernden Geschwindigkeit. Denn die durch die schnelle Verarbeitung der Rohmaterialien entstandenen Produkte mussten schneller verkauft und transportiert werden, als vor Zeiten geplant war. Der Straßenausbau, der schon im 18. Jahrhundert begonnen hatte, wurde durch den preußischen Staat weiter getrieben. Die Pferdewagen waren zu langsam, das Dampfross musste nun auf die Schiene.

Das Tal der Wupper, wegen Überschwemmungsgefahr bis zum Beginn der Industrialisierung kaum als Hauptverkehrsader geeignet, wurde gezähmt, die Allee entstand, daneben einige Zeit später die Bahntrasse von Düsseldorf bis zum Bahnhof in Elberfeld, der als ein Symbol des Bürgerstolzes über der Stadt thronte. Was aber die romantische Vorstellungswelt der Menschen buchstäblich sprengte, war der Bau der Rheinischen Strecke, durch den riesige Brücken in der Stadt platziert, Berge und Hügel dem Erdboden gleichgemacht oder mit Tunneln unterhöhlt wurden. Das alles passierte in weniger als 10 Jahren.

Die Menschen des 19. Jahrhunderts erkannten ihre persönliche Chance in diesem schnellen Wandel, ohne diesen tatsächlich zu begreifen. Ihr Denken war zu großen Teilen in den Zeiten des langsamen Wandels verhaftet, die ich auf den zurückliegenden Seiten beschrieben habe. In den Zentren von Barmen und Elberfeld gab es Städter, an den Grenzen dieser Städte und darüber hinaus lebten Dorfbewohner, die aber merkten, wie sehr sie von diesen Städtern, die irgendwie ganz anders dachten als sie, abhängig waren.

Viele verstanden diese Abhängigkeit als Einladung und zogen daher in die Städte des Wupperthals. Denn während die Städter sich nach dem Dorf sehnten und in ihren Stadtteilen und Bezirken mittelalterliche Kirchen bauten, sahen die Bewohner der Dörfer in ihrer Tätigkeit keine Zukunft mehr. Das Bevölkerungswachstum machte ein Auskommen durch die Tätigkeit auf den Bauernhöfen kaum möglich. Die Aufteilung einst großer Höfe in viele kleine Parzellen durch Vererbung oder Verkauf ließ die Erträge ebenso schrumpfen, wie es Naturkatastrophen taten. Als der Tambora auf Indonesien zu Beginn des 19. Jahrhunderts ausbrach, gab es eine Lebensmittelknappheit, weil die Ernten ausfielen und Bauern nichts hatten, was sie verkaufen konnten.

So zogen die Menschen in die Stadt, denn dort, das wusste man, gab es Arbeit. Die Menschen nahmen dabei ihre Vorstellungen mit. Auf dem Bauernhof packten die Kinder mit an, sobald sie dazu in der Lage waren, also taten sie es auch in der Stadt. Dass es einen Unterschied macht, ob man auf dem Hof Milchkannen trägt oder in der Fabrik hinter Webstühlen Fäden zusammenbindet, musste man erst lernen.

Dass es einen Unterschied gibt zwischen 24 Stunden Arbeit auf dem Bauernhof und 18 Stunden Arbeit in der Fabrik, der nicht nur darin besteht sechs Stunden weniger zu arbeiten, war nicht klar.

Dass eine Versorgung der älteren Generation im familiären Umfeld des Hofes kein Problem darstellt, sie aber zu einem solchen werden kann, wenn man Großmutter und Großvater nicht jeden Tag sieht, weil man selber in der Fabrik arbeitet, bedeutete eine Umstellung im Familienleben.

Dass es psychologische Probleme geben kann, wenn man jeden Tag die selbe eintönige Arbeit macht, um sich und seine Familie zu ernähren, war vollkommen unbekannt.

Was man aber wusste war, dass Alkohol durchaus ein Mittel ist, dass einen für eine gewisse Zeit diesen neuen Stress vergessen lässt. Wen wundert es also, wenn im 19. Jahrhundert die Kneipen, Brennereien und Brauereien im Wupperthal nur so aus dem Boden schossen, während in den Kirchen die Pfarrer sich gegen den Missbrauch von Alkohol aussprachen und Vereine gegründet wurden, in denen man probierte, die spärliche Zeit sinnvoll mit Sport, Lektüre oder Singen zu füllen. Die CVJMs des Wupperthals entstanden ebenso in dieser Zeit wie die viele Sport- und Gesangsvereine.

Die Ideen der Demokratie und der Teilhabe waren durch den Aufstand des Bürgertums gegen den Adel in aller Munde. Wer Anteil hatte am gesellschaftlichen Prozess, der sich technisch und wirtschaftlich ausdrückte, der wollte auch Anteil an der politischen Verantwortung. Der Barmer Fabrikantensohn Friedrich Engels erkannte dies wie kein Zweiter und schrieb unermüdlich über diese Umwälzungen.

Einflussreiche und weniger einflussreiche Bürger in Barmen, Elberfeld und Vohwinkel gründeten Vereine, um ihre und die Interessen ihrer Stadtteile und Bezirke zu vertreten. Parks und Wälder wurden angelegt, um der stickigen Luft im Tal der Wupper zu entkommen. Doch es war gerade diese Luft, die die Menschen aus den Dörfern immer mehr anlockte. Einzelne Stadtteile, wie Wichlinghausen etwa, konnten um 1900 herum einen Zuzug von bis zu 1000 Menschen pro Jahr verzeichnen. Neue Häuser, Kirchen und Zentren wurden angelegt, Läden eröffneten, das Bankenwesen florierte durch Baukredite, die ohne Probleme zurückgezahlt wurden.

Das Umland wurde mehr und mehr erschlossen. Waren Friedhöfe, wie der in der Bartholomäusstraße um 1800 noch außerhalb der Stadt angelegt worden, lagen sie fünfzig Jahre später mitten in der Stadt. Barmen wuchs und wollte sich mit Schwelm vereinigen, so dass 1922 Langerfeld und Nächstebreck dazu kamen und nun plötzlich zum Rheinland gehörten, obwohl man vorher doch zur westfälischen Provinz gehörte hatte. Zwar war die nun politisch festgelegte Verbindung durch wirtschaftliche und soziale Vernetzung schon seit Jahrhunderten gegeben und hatte sich durch die Industrialisierung nur noch verstärkt, doch war der politische Schritt die Festlegung eines Zustands, den viele Menschen noch nicht bereit waren, zu verkraften. Die auch 1922 stattgefundene Gründung des Westfalenbundes, dessen einziges Ziel darin bestand, Langerfeld und Nächstebreck wieder von Barmen zu lösen, zeigt dies deutlich.

Auch die seit 1900 immer wieder aufkommende Idee, die Doppelstadt Barmen-Elberfeld zu vereinen, wurde von den Bürgern beider Städte heftig diskutiert und oft negativ beschieden. Auch wenn die realen Umstände diese Entscheidung nahelegten, so war in den Köpfen der Menschen diese Vorstellung nicht akzeptiert. Die politische Eigenständigkeit war wichtig, verband sich mit ihr doch weiterhin die Idee, die sich in der Architektur, den Predigten und dem Denken der Menschen gefestigt hatte: Kleine Gemeinwesen als Rückzugsort vor dem nicht aufzuhaltendem Wandel. Die Heimat als Bastion gegen das, was mit Eisenbahnen, Autos und immer weniger werdenden Pferdewagen in die Stadt hineinkam oder mit den Jugendstilhäusern entlang der neu angelegten Straßen öffentlich zur Schau gestellt wurde.

Bezirksvereine, eigene Kirchbauten und Naturräume, mittelalterliche Hausfassaden, regionales Denken, Dorfidylle im Herzen standen gegen Zuzug vom Land, schnelle und laute Züge, schmutzige Schornsteine und globalisierte Handelswege.

Ein einflussreiches Bürgertum, das religiös und finanziell gestärkt,den anderen Bürgern in Barmen, Elberfeld und Vohwinkel, in Ronsdorf, Cronenberg und Beyenburg, in Langerfeld, Nächstebreck, Schöller und am Dönberg Anreize bot, zu ihnen durch Arbeit und Fleiß aufzusteigen, um sich dann doch wieder von ihnen zu unterscheiden, prägte die Stadt. All das förderte das 19. Jahrhundert und die Industrialisierung und sorgte für einen Aufstieg einer Region hin zu einer der reichsten Gegenden im Deutschen Kaiserreich. In dieser Gleichzeitigkeit des Ungleichzeitigen wird dann vielleicht doch deutlich, aus welchem Grund die Zeit damals mit uns heute zu tun hat. Aber ohne die Vorgeschichte wäre all dies nicht möglich gewesen.

Heiko Schnickmann
Wichlinghausen, im Mai 2019

Der Autor

Heiko Schnickmann (*1983 in Wuppertal) studierte Geschichte, Germanistik und Erziehungswissenschaften an der Bergischen Universität Wuppertal sowie Umweltwissenschaften an der Fernuniversität Hagen. Er ist Vorsitzender des Regionalverbandes des Rheinischen Vereins für Denkmalpflege und Landschaftsschutz in Wuppertal, Solingen und Remscheid. Er war Schriftführer der Abteilung Wuppertal des Bergischen Geschichtsvereins und schreibt regelmäßig Beiträge zur Geschichte Wuppertals.